성공, 그까짓 것

성공
그까짓 것

나를
빛나게 바꾸는
7단계
황금 마법

솔학

먼저 자신을 빛나게 바꾸고,
그 다음 세상을 빛나게 바꿀
이 시대의 젊은이에게 이 책을 바친다

성공법칙에도 마법은 있다

미국의 저술가 헬리스 브릿지스는 "우리는 그저 살려고 태어난 것이 아니다. 가치 있고 의미 있는 인생을 영위하기 위해 태어난 것이다"라고 말했다. 헬리스 브릿지스 말처럼 사람은 누구나 성공함으로써 가치 있고 의미 있는 인생을 살길 원하고 갈망한다. 또한 그것이 영원하길 바란다.

그렇다면 우리가 이토록 원하고 갈망하는 가치 있고 의미 있는 인생은 어떻게 하면 열어 갈 수 있을까?

미국인이 가장 존경하는 대통령은 에이브러햄 링컨Abraham Lincoln 이다. 링컨하면 으레 덥수룩하게 기른 수염이 연상된다. 그런데 링컨은 원래 51세까지 수염을 기르지 않았다. 하지만 수염을 기르면 인상이 좋아져 대통령에 당선될 것이라는 11세 소녀 그레이스 베델의 편지를 받은 이후 이를 길렀다. 실제로 수염을 기르기 전까지 링컨은 양 볼이 움푹 패여 날카로운 인상이었다. 소녀의 충고 덕분에 인상이 좋아진 링컨은 급기야 이듬해 미국의 제16대 대통령에 당선되었다.

　링컨의 경우처럼 생각보다 성공 방법은 단순 명료하다. 단지 사람들은 스스로가 부여한 생각과 경험의 한계라는 울타리에 갇혀 이를 깨닫지 못하고 있을 뿐이다. 그렇기에 갈팡질팡하며 삶이 항상 피곤하고 성공과는 거리가 멀어진다.

　하지만 자신의 생각과 경험의 한계를 여지없이 깨부숴 성공에 이르게 하는 단순 명료한 마법만 터득한다면 누구나 성공함으로써 가치 있고 의미 있는 인생을 살 수 있게 된다.

　과학계를 뒤돌아 보면, 17세기 영국 최고의 물리학자 뉴턴은 운동의 세가지 법칙으로 물리 세계를 아주 단순하고 명료하게 설명했다. 또한 아인슈타인은 $E=MC^2$이라는 단 하나의 매우 간단한 공식으로 우주 법칙을 완벽히 밝혔다.

　종교계의 경우, 그리스도교는 성경, 유교는 논어, 불교는 불경, 이슬람교는 코란이라는 한 권 혹은 단 몇 권의 책으로 사상을 집대성하여 인류 교화와 문화 발전에 크게 이바지했다.

　퇴계 이황 선생은 17세의 어린 나이로 즉위한 선조에게 성학십도라는 책을 올려 군왕으로서 알아야 할 학문의 요체를 간략히 10개의 도표로 정리했다. 통일신라시대 의상대사는 스승이 불교 사상을 72개의 그림으로 압축한 것을 보다 간결히 정리해 단 하나의 그림으로 설명함으로써 사람들을 놀라게 했다.

경영학에도 이러한 단순 명료한 마법은 존재한다. 하버드 대학교의 마이클 포터 교수는 5 세력 모형   으로 기업의 경쟁에 영향을 미치는 다섯 가지 힘을 도식화해 기업이 치열한 경쟁에서 살아남을 수 있는 해법을 제시했다. 나아가 가치 사슬   이론을 통해 기업이 이윤을 극대화할 수 있는 방법을 제시했다.

그렇다면 우리네 인생은 어떨까? 물론 인생 성공 법칙에도 마법은 존재한다. 단언컨대 본서가 바로 그 마법이다. 어떻게 이를 자신할 수 있을까?

세계 3대 경영학자 톰 피터스는 브랜드 유   라는 개념을 제시하며 현대를 1인 1기업 시대라고 진단했다. 즉 사람도 하나의 기업으로 간주될 수 있다는 것이다. 이에 따라 개인도 자신의 브랜드를 구축하며 기업의 CEO처럼 행동하라고 조언했다.

여기서 한가지 주지할 점이 있다. 만일 톰 피터스의 주장대로 개인도 하나의 기업이라면 기업경영 이론의 마법은 분명히 자기경영에도 적용 가능하다는 것이다. 따라서 기업경영 이론을 자기경영 이론으로 승화한다면 우리네 인생의 성공 법칙에도 마법이 존재하게 된다.

그런데 본서가 바로 기업경영 이론을 자기경영 이론으로 승화한 더도 덜도 없는 완벽한 책이다. 그렇기에 본서는 인생 성공 법칙의 마법인 것이다. 따라서 이 마법을 터득해 포기하지 않고 꾸준히 실행한다면 누구나 지속 가능한 성공을 넘어 의미 있고 가치 있는 삶을 만끽할 수 있게 된다.

자, 이제 여러분 모두가 여기서 소개하는 내용을 포기하지 않고 꾸준히 실행해 누구나 지속 가능한 성공을 넘어 가치 있고 의미 있는 삶을 이뤄 가길 희망차게 그려 본다.

PART 3
성공,
그까짓 것

평범을 거부하고,
성공을 선택하라

사람은 진정 얼마나 제대로 생각하고 행동할까? 우리는 살다보면 도 저히 앞뒤가 맞지 않은 사람들의 말과 행동에 적잖이 당황하기도 한다. 우선의 위기를 모면하기 위해서 혹은 눈 앞의 작은 이익을 위해서 거짓 을 말하고 얄팍하게 행동하기도 한다. 결국 머지 않은 장래에 그러한 말 과 행동의 부메랑을 톡톡히 당하면서도 말이다. 왜 대부분의 사람들은 몇 수는 고사하고 단 한 수도 제대로 예측을 못하는 걸까?

근래 인공지능과 인류간 세기의 바둑 대결이 크게 이슈가 된 적이 있 다. 세계 최고의 바둑 고수 이세돌은 연거푸 패배하면서 인류에 큰 불안 감을 안겨줬다. 반면 인공지능으로 대변되는 알파고는 마치 판 전체를 예측이라도 한 듯 유유히 승리를 쟁취했다. 한 번의 패배에 대해서 봐주 기가 아니냐는 논란을 야기하면서 말이다.

이세돌은 수십 수 앞을 내다보는 둘째가라면 서러워할 바둑계 1인자다. 그런 그가 허무하게 무너지는 모습에 사람들은 경악했다. 인류 지성의 한계를 여지없이 드러낸 것이다. 하지만 인공지능 알파고는 판 전체를 꿰차고 모든 상황을 예측하며 어떤 허점도 드러내지 않았다. 심지어 실수라고 생각되던 한 수도 수백 수 뒤를 내다보고 던진 것으로 드러났다. 당연히 세계 최고로 자처하는 바둑 고수도 적수가 되지 못했다.

이처럼 전체를 예측하고 안다는 것에는 어마어마한 힘이 있다. 감히 그 누가 상대가 되겠는가? 하지만 사람들은 아직 전체를 예측하고 통찰하는 것을 버거워한다. 한마디로 지엽적인 것에 억매인 나머지 갈팡질팡하면서 산다. 전체를 완벽하게 내려다본다면 절대 우선의 위기를 모면하기 위해서 혹은 눈 앞의 작은 이익을 위해서 거짓을 말하고 얄팍하게 행동하지 않을 것이다. 왜냐하면 그 한 수가 수백 수 뒤에는 매우 큰 악수로 작용할 것이기 때문이다. 그렇다면 누가 감히 그 위험천만한 한 수를 아무 생각 없이 내질러 버리겠는가? 그렇지 않은가?

그런데도 사람들은 오늘도 여전히 지엽에 억매여 악수를 마다하지 않으며 힘겨운 삶을 영위한다. 만물의 영장, 생각하는 유일한 동물 인간이 과연 제대로 생각을 하고 있는지에 대해 심각한 도전을 받고 있는 것이다.

하지만 생각해 보라. 분명 알파고의 창조주는 인간이다. 우리 인간이 생각해서 만든 생각하는 기계의 첫 작품이다. 알파고에게 전체를 알고 실행 할 수 있는 힘을 부여한 주체는 다름 아닌 우리 인간이다. 당연히 인간도 알파고처럼 전체를 알고 실행할 수 있는 존재인 것이다.

단지 우리는 잠시 삶이라는 세파에 찌들려 그러한 힘을 망각하고 있었을 뿐이다. 자신의 본질을 회복하고, 눈 앞의 이익을 가볍게 여긴다면 충분히 전체를 조망할 수 있는 힘을 다시금 얻게 된다. 이러한 힘은 곧 알파고와 같은 무결점의 완벽함을 우리에게 선물한다.

　　이를 마다할 필요가 없다. 단지 과거에 잃어버렸던 것을 현재 나 자신을 회복하며 미래에 되돌려 받는 것일 뿐이다. 절대 훔치거나 공짜로 받는 것이 아니다.　자 이제 본격적으로 이러한 힘의 세계로 성큼 들어가 보기로 하자.

우리의 교육 시스템을 한 번 들여다 보자. 과연 삶 전체를 조망할 수 있는 교육을 하고 있는가? 완전히 정반대다. 초등학교, 중학교, 고등학교 심지어 대학교까지 우리가 기껏 배우는 것은 다름 아닌 전문지식 혹은 기술에 대한 것이다. 무려 인생의 절반 이상을 전문지식 혹은 기술 습득에 올인하는 꼴이다. 그냥 남들 다하니까 생각하는 동물인 인간이 아무 생각 없이 따라서 하는 것이다. 거창하게 무목적의 목적이라고 할까? 설마 세상 사람들 모두를 아무 생각 없게 만들 심사는 아니지 않겠는가? 어떻게 살아야 하는지, 어떻게 해야 성공하는지, 어떻게 해야 가치 있는 삶을 살 수 있는지에 대한 교육은 완전히 우리와 결별해 버렸다

그런데 이러한 교육 시스템은 순전히 산업화 과정에서 생긴 불순물이다. 산업화는 우리 인간의 생각을 저당 잡아 기술자로 만들며 노예부리 듯 부려먹었다. 문제는 우리가 그러한 교육 시스템의 볼모가 되어 삶의

가치와 의미를 상실해 버렸다는 사실 자체를 망각하고 있는 것이다. 마치 이러한 삶이 당연하다는 식으로 말이다.

반드시 우리의 교육은 변해야 한다. 그 옛날 우리의 성현들은 어떻게 살아야 하는지, 어떻게 해야 성공하는지, 어떻게 해야 가치 있는 삶을 살 수 있는지에 대해 아주 명확하게 교육받았다. 믿지 못하겠다면 서점 혹은 도서관에 들러 고전을 들어다 보라.

이제 근의 공식이니 E=MC²이니 하는 기술자 교육이라는 삶의 틀을 과감하게 털고 나와야 한다. 대신 성공의 공식, 성공의 과학을 외워야 한다. 전문 지식 혹은 기술에도 공식과 과학이 있다면 성공에도 공식이 있고 과학이 있다. 앞서 이야기 한 것처럼 단지 그러한 교육을 못 받았을 뿐이다. 심지어 그러한 교육이 있는지 조차도 모르고 지낸 것이다.

기술자 교육은 수만 시간의 노력을 우리에게 강요해 왔다. 정말 대단한 인내력이 필요하다. 그런대도 대부분의 사람들은 이를 잘 견뎌 왔다. 정말 존경해 마지 않는다. 사람의 능력이란 이렇듯 대단하다. 그 수수시간을 묵묵히 버티며 공식을 외우고 과학을 마스터했다.

그런데 실로 안타까운 사실이 하나 있다. 그렇게도 열심히 노력햇것만 삶은 늘 제자리 걸음이다. 아니 오히려 퇴보하기도 한다. 왜 그럴까? 도대체 왜? 신이 유독 자신을 미워해서? 아니면 남보다 좀 덜 노력해서? 절대 아니다. 사람들은 정말 열심히 그것도 신이 두려워할 만큼 열심히 노력하며 산다. 딱 한 가지 게을리 한 것만 빼고 말이다. 기술자 교육에 대한 공식을 외우고 과학은 배웠지만 정작 성공에 대한 공식과 과학은 연마하지 않았던 것이다.

한 시간만 투자했어도 되는 그런 일인데도 그만 우리는 주격이 전도되며 노예와 같은 삶을 마다하지 않았던 것이다. 하지만 지금부터라도 이를 당당히 거부해야 한다. 한 시간이면 족하다. 기술자 교육처럼 머리를 쥐어짜며 수많은 공식을 외울 필요가 없다.

아주 심플한 몇 가지 공식만으로도 충분하다. 이제 몇몇 성공한 사람들이 이를 독점하기 위해 비밀로 유지했던 것을 과감히 해제하고 만천하에 공개해야 한다.

더 많은 사람들이 성공하고 더 많은 사람들이 행복해야 한다. 거기에 가치가 있다. 그렇지 않은가? 물론 성공이 공식이고 과학의 세계라는 것은 본서를 통해 명명백백히 밝혀질 것이다.

성공이 공식이고 과학임을 깨닫는 순간 우리 삶은 확연히 달라진다. 삶이 더 이상 예측 불가능한 그 무엇이 아닌 예측가능한 현실로 다가오는 것이다. 이는 이미 벌써 알파고가 증명을 했다. 그 수많은 변수도 실제로는 예측가능한 하나의 상수였던 것이다. 마치 모든 것이 운명적으로 결정된 것처럼 말이다.

자, 그대가 성공이 공식이고 과학임을 깨닫고 이를 실천에 옮긴다면 삶은 분명 과거와 다르게 전개된다. 마치 해피엔딩으로 끝날 것으로 예정된 한 편의 드라마처럼 말이다. 사람들은 어떻게 결말이 날지 이미 다 알고 있다. 그런데도 사람들은 드라마에 몰입하며 열광한다. 마치 자신이 드라마의 주인공이 된 것처럼 말이다.

드라마의 주인공은 결코 평범하지 않다. 그들은 총알이 어디에서 어떻게 날아올지 이미 알고 있다. 그렇기에 유유히 이를 피한다. 재난도 더이상 재난이 아니다. 운명적 사랑을 만나는 하나의 각본에 지나지 않다. 그러니 평범할 수가 없다. 위대한 삶 자체다. 그렇기에 그들의 삶은 빛이 난다. 그 빛은 주변 사람들까지도 위대하게 만든다.

요즘은 워낙 경기가 좋지 못하다 보니 다수의 사람들이 안정적인 삶을 추구한다. 공무원 시험의 경쟁률이 하늘 높은 줄 모르고 치솟는 것만 봐도 이를 잘 알 수 있다. 다들 도전적인 삶을 불안정적인 것으로 치부하고 그 길로 가는 것을 두려워한다.

그런데 과연 언제까지나 안정적인 삶을 영위할 수 있을까? 필연코 그런 일은 없다. 정년이 끝나면 그동안의 안정적인 삶의 불 같은 복수가 시작된다. 삶은 무료해지고 찾는 이도 없게 된다. 그때서야 삶은 언제까지나 안정적일 수 없음을 피부로 절감한다. 물론 이때는 이미 늦었다. 또 다른 인생 제 2막을 준비할 여력도 힘도 없게 되는 것이다.

어떻게 보면 안정적인 삶에 대한 욕구는 별 탈없이 살고자 하는 평범함 삶의 추구에서 비롯된다. 하지만 삶은 결코 평범함 조차도 용납하지 않는다. 아니 오히려 평범함에 대한 구애가 크면 클수록 신기루처럼 이로부터 자꾸만 멀어진다. 마치 돈을 쫓으면 쫓을수록 멀리 달아나는 것처럼 말이다.

그렇기에 차라리 평범이 아닌 성공하는 위대한 삶으로 전격적으로 방향을 틀어보는 것이 어떨까? 아니 성공이 공식이고 과학임을 깨닫는 순간 그대가 원치 않아도 그러한 삶이 그대를 맞이하게 된다. 그러니 거부하지 말고 그냥 받아들이는 것이 훨씬 낫다.

성공하는 위대한 삶은 평범한 삶이 하지 못하는 많은 일들을 할 수 있다. 타인의 목숨도 구할 수 있고, 가난으로부터 구제할 수도 있다. 아픈 사람을 치유할 수 도 있고, 사람들에게 위안이 될 수도 있다. 나아가 세상을 보다 풍요롭고 아름답게 바꿀 수도 있다. 이 모두는 평범하다면 할 수 할 수 없는 것들이다.

당연히 평범한 삶보다는 성공하는 위대한 삶이 백 배 낫다. 물론 앞으로 소개할 '나를 빛나게 바꾸는 7단계 황금 마법'을 공식으로 외운다면 누구나 가능한 일이다. 이 7단계 마법은 기적이 전혀 아닌 것처럼 기적적으로 그대의 삶을 바꿔 놓을 것이다.

2

나를 빛나게 바꾸는
7단계 황금 마법

매사에는 양면이 있다. 가장 좋고 유리한 것도 그 칼날 쪽을 붙들면 고통이 되고, 반대로 불리한 것이라도 그 손잡이를 잡으면 방패가 된다. 매사를 불리하다 생각하고 근심하지 말고 유리한 쪽을 바라보라.

먼저 우리가 살고 있는 우주의 변화 이치를 깨달은 후 삶의 길잡이가 될 멘토를 구하고, 버팀목이 될 철학을 갖추자. 그리고 자신에게 끊임없이 동기부여 할 핵심가치와 독보적이며 차별적인 핵심역량을 개발하여 꾸준히 업그레이드하자. 그리하면 언젠가 인생이 더 이상 무미건조하고 지루한 것이 아닌 아름답고 풍요로운 하나의 작품으로 다가와 내 안의 우주가 우주다워질 것이다.

인생, 그 알 수 없음으로 인한 흥미진진함

인생이란 과연 뭘까? 왜 살아야 하나? 저 넓은 우주는 왜 생겨났으며 우리 삶에 어떤 영향을 미치는 걸까? 어릴 적 수없이 되뇌었던 질문인 것 같다. 그러나 누구 하나 속 시원하게 대답해 주는 이 없었으며 초중고 대학교에 이르기까지 오로지 먹고 살 방법만 공부해 오던 터에 이러한 의문에 대한 답을 얻기는 더욱 어려워졌다.

과연 인생도 우주도 이유 없이 생겼다가 의미 없이 사라져 버리고 마는 것일까? 진정 인생이 아무런 의미가 없다면 자신의 삶에 충실해야 할 특별한 이유가 없게 된다. 그러나 분명 인생에 의미와 목적이 존재한다면 우리는 삶이 다하는 날까지 하루하루 열심히 살아야 한다.

어쩌면 이러한 의문에는 답이 있을 수도 있고 없을 수도 있다. 답이 있어 기어코 이를 알아 낼 수도 있고 반대로 그 답을 알지 못 한 채 생을 마감할 수도 있다. 다른 한편으로 생각하면 이에 대한 답을 찾는 과정이 인류의 역사요, 개인의 삶일 수도 있지 않을까? 왜냐하면 사람들은 대개 의문이 생기면 풀고자 하는 욕구가 자연스럽게 생긴다. 그러니 가만히 있을 수가 없다. 의문을 해결하기 위해 부단히 움직이며 도전하고 또 도전한다. 도전은 삶에 활력소를 불어넣어 인생을 흥미진진한 장으로 승화시킨다.

우주와 인생 그리고 세상을 움직이고 지배하는 두 가지 힘

하지만 인생이란 생각보다 그리 호락호락하지 않다. 막연한 도전 정신만으로 원하는 결과를 얻기란 결코 쉬운 일이 아니다. 매우 복잡해 보이는 이 우주와 인생 그리고 세상에 대한 깊은 깨달음과 통찰력이 없다면 인생에 대한 불타는 열정, 강렬한 도전은 오히려 커다란 고통과 좌절만 안겨 줄 뿐이다.

물론 절망만 있는 것은 아니다. 분명 희망도 존재한다. 위대한 철학자, 과학자, 성인들의 가르침이 바로 그것이다. 이들은 우리 일개인의 힘으로는 도저히 이해 할 수 없는 매우 복잡해 보이는 우주와 인생 그리고 세상을 지배하고 움직이는 단순한 원리와 법칙을 먼저 깨달은 사람들이다.

그런데 진실로 우주와 인생 그리고 세상을 지배하고 움직이는 단순한 원리와 법칙이 존재한다면 우리가 할 일은 의외로 단순해진다. 우리는 단지 이러한 원리와 법칙을 잘 터득해 적극적으로 삶에 적용하기만 하면 되는 것이다. 그러면 매우 복잡해 보이는 우주와 인생 그리고 세상도 한결 가볍고 단순해 질 것이며 덩달아 삶도 또한 그렇게 우리에게 보다 가까이 다가올 것이다.

20세기 가장 위대한 과학자인 아인슈타인은 역경 을 우주의 원리를 표현하는 대수학이라고 했다. 닐스 보어는 노벨상을 수상할 때 동양의 음양오행 철학을 상징하는 태극 무늬의 옷을 입은 바 있다.

얀 존슨은 그의 저서 「DNA와 주역」에서 DNA과 주역의 체계가 매우 유사함을 밝혔다. 역경은 태고의 성인인 동이족의 태호복희씨 가 팔괘를 처음 그음으로써 그 근본 틀을 잡았고 먼 후대의 공자에 의해 완성되었다. DNA는 두 가닥의 염기가 나선형으로 꼬인 사다리 모양을 하고 있는데, 위에서 그 단면을 보면 완전히 태극 모양이다. 또한 DNA는 크게 피리미딘Pyrimidine 과 퓨린Purine 으로 나눌 수 있고, 이것은 태극의 음과 양으로 볼 수 있다. 다시 피리미딘은 시토신Cytosine , 티민Thymine 로, 퓨린은 아데닌Adenine , 구아닌Guanine 의 염기로 나누어진다. 즉 뉴클레오티드Nucleotide 라는 4종류의 원자단인 ACGT로 되어 있다. 이것은 바로 역경의 원리인 태극에서 음양 다시 사상四象으로 나누어지는 것과 매우 흡사하다. 이 유전자 코드 ACGT는 각각 3개씩 한 세트로 결합하여 코돈Codon 이 된다. 이를 조합하면 총 $4^3 = 64$개 종류의 코돈이 만들어진다. 이것은 주역의 64괘와 정확히 일치한다.

현대 정보 기술의 총아인 컴퓨터의 경우도 마찬가지다. 컴퓨터를 발명한 사람은 수학박사 폰 노이만이다. 컴퓨터를 크게 H/W와 S/W의 두 요소로 구분하는 방식으로 최초로 컴퓨터를 설계했다. S/W의 경우도 다시 0과 1의 이진법의 조합으로 이루어진다.

사람도 마찬가지다. 두 가닥의 DNA 속의 유전인자가 난자를 만나 결합해서 2^n으로 무한 분열하여 오늘의 나를 이룬다. 즉 컴퓨터도 사람

※ 배달국의 제 5대 태우의 환웅천황의 12번째 막내아들로서 우주생성변화원리의 이치를 담은 팔괘(복희팔괘)를 처음 그었다. 몸은 뱀과 같고 머리는 사람의 머리 형상을 하고 있다고 전한다.

도 겉으로는 매우 복잡해 보이지만 그 속을 면밀히 들여다 보면 근원은 단순한 두 가지 요소의 조합에 지나지 않는 것이다.

이상에서 우리는 아주 단순한 원리와 법칙을 깨닫게 된다. 우주와 인생 그리고 세상도 겉으로는 매우 복잡해 보이지만 이를 움직이고 지배하는 매우 단순한 두 가지 힘이 있다는 것을. 또한 이 두 힘이 때론 경쟁하고 때론 협력하면서 우주와 인생 그리고 세상을 움직이고 있다는 것을.

두 가지 힘에 의한 경쟁과 협력은 자연스럽게 이를 중재해 주는 제 3의 힘도 만들어 낸다. 마치 양성자와 전자 사이의 중성자처럼. 두 가지 힘은 다시 각각 두 개로 나눠져 네 개로 된다. 이렇게 2^n으로 계속 분화해 나가게 된다.

이 두 가지 힘에 대해 좀 더 자세히 알아보자. 하루는 분열 성장 과정의 시간대인 낮과 통일 수렴 과정의 시간대인 밤으로 이루어져 있고, 일년 또한 봄, 여름의 생장과정과 가을, 겨울의 성숙과정으로 이루어져 있다.

분열 성장의 과정에는 필연적으로 경쟁의 원리가 주도적인 역할을 하는 반면, 통일 수렴의 과정에는 협력의 원리가 주도적인 역할을 수행하게 된다. 지금의 현실 세계를 보라. 경쟁을 부추기는 남성적인 에너지에 의해 인류는 엄청난 성장을 구가했다. 하지만 그에 따라 여러 가지 정치, 경제, 사회적인 부작용과 문제점도 유발하고 있다. 그런데 언젠가부터 우리 주변에서 서서히 협력과 감성의 문화가 자리매김해 가고 있다. 이러한 현상은 인류의 문명이 통일 수렴의 시간대로 극적인 반전을 하고 있음을 방증한다 하겠다.

이 두 힘은 경쟁과 협력을 무한 반복하면서 끊임없이 순환한다. 현실 세계에 작용하여 들어날 때는 둘이지만 사실 그 실체, 본질은 원래 하나다. 어느 힘이 선하다든지 악하다든지 하는 생각은 지극히 위험하다. 각각의 힘은 선악을 넘어 그에 상응하는 역할이 있는 것이다. 즉 분열 성장의 시간대에는 경쟁을 통한 성장과 발전을, 통일 수렴의 시간대에는 협력을 통한 결실과 안정을 이루어간다.

우주와 인생 그리고 세상에 대한 이해는 이 두 가지 힘을 동시에 인식하고 고려하는 것으로부터 출발한다.

예를 들어보자. 자원은 한정되어 있다. 이러한 한정된 자원(권력, 명예, 지식 같은 보이지 않는 자원과 석유, 땅, 원자재 등 보이는 자원 등 모든 자원)의 희소성으로 인해 가진 자와 못 가진 자로 나눠지게 된다. 이는 필연적으로 경쟁을 유발한다. 힘   이 더 센 쪽이 결국 경쟁에서 이기고 자원을 독식하게 된다. 이러한 힘의 논리가 지배하는 사회가 오늘날의 국제사회가 아니던가? 이는 부정할 수 없는 엄연한 현실이다.

만일 자원이 무한하여 가지려는 쪽의 욕구를 모두 충족할 수 있다면 세상은 더 이상 경쟁이 불필요하게 될 것이고 협력을 바탕으로 한 평화만 지속되는 유토피아가 건설될 것이다. 하지만 물질은 언제나 한정되어 있기 마련이니 이것은 현실 세계에서는 전혀 불가능한 일이다.

힘으로 모든 것을 제압하여 원하는 것을 얻을 수도 있다. 하지만 이 것은 일시적일지언정 결코 지속 가능할 수 없다. 왜냐하면 평화를 바탕에 깔고 있지 않기 때문이다. 결국 평화를 원하는 정반대의 세력에 의해 경쟁이 아닌 상호 협력의 세계로 극적으로 반전하게 된다.

그 반대의 경우도 마찬가지다. 장기간의 평화는 사람들을 나태하게 만든다. 이는 세상의 발전도 저해한다. 결국 사람들을 가난의 구렁텅이로 빠뜨린다. 가난을 누가 원하겠는가? 그러니 사람들은 이를 극복하기 위해 다시 자연스럽게 경쟁 구도로 반전하게 된다. 이렇게 무한히 돌고 돈다. 힘 없는 평화   는 발전이 어렵고 평화 없는 힘는 지속이 불가능하다. 그러니 두 힘을 동시에 볼 줄 알아야 한다.

그런데 여기서 한가지 주지해야 할 점이 있다. 즉 서로 완전히 상반된 에너지로의 극적인 변화가 일어나는 시점에는 경영학에서 말하는 아주 큰 단절인 캐즘   이 발생한다.

이 깨즘에는 크게 두 가지가 있다. 기술을 예로 들면, 초기 시작 단계의 캐즘은 기술이 초기 수용 단계에서 주류 시장으로 들어서지 못하고 좌초하는 것을, 통일 수렴 단계의 캐즘은 주류 시장에서 더 이상 성장하지 못하고 스스로의 문제로 역사의 뒤편으로 쓸쓸히 사라지는 것을 말한

실리콘밸리에서 활동하는 컨설턴트인 제프리 무어 박사에 의해서 1991년 제창된 이론으로 사업이 잘 되다가 어느 순간 더 이상 발전하지 못하고 깊은 수렁(캐즘)에 빠지는 것과 같은 심각한 정체 상태를 의미한다.

다. 물론 인생도 마찬가지다. 처음에는 거창하게 시작했다가도 작심삼일로 끝나는 경우도 있고, 작은 성공에 도취되어 자만심과 교만으로 그 성공을 수성시키지 못하고 도태되는 경우도 많다.

미국의 저명한 경영컨설턴트인 짐 콜린스Jim Collins는 그의 저서 「성공하는 기업들의 8가지 습관」에서 위대한 기업이 되기 위해서는 성장(발전 자극)과 안정(핵심 보존)을 동시에 고려하여야 한다고 동양철학의 우주변화 원리에 입각하여 역설했다.

기업 성공의 두 가지 힘

즉 경쟁을 통해서는 발전을 자극하고, 협력을 통해서는 핵심역량을 잘 갈무리하여 안정을 유지해야 한다는 것이다. 발전만을 도모하면 안정을 잃어 버릴 수 있고, 안정에만 치우치면 발전을 이루기가 어려운 법이다.

발전의 과정에서는 불균형과 불협화음이 생기지 않도록 유의해야 안정도 얻을 수 있고, 안정의 과정에서는 조직에 나태함이 지배하지 않도록 해야 더 나은 발전을 도모할 수 있다. 그러니 항상 둘을 동시에 볼 줄 알아야 한다. 물론 이것은 인생에도 동일하게 적용된다.

이러한 두 가지 힘에 대해 다른 경우도 살펴보자.

1) 과정과 성과: 과정이 목표하는 바의 성과를 염두 해 두지 않고 진행된다면 방향성을 잃어 일관적이지 못하며 무의미한 행동으로 시간만 축낼 가능성이 있다. 마찬가지로 성과에만 집착하면 수단과 방법을 가리지 않고 편법을 쓰는 늪에 빠질 수도 있다. 결국 원하는 성과는 얻을지라도 그 방법의 부적절로 인해 절대로 지속 가능하지 않을 것이다. 그러므로 항상 과정과 성과를 동시에 고려해야 한다. 그러면 올바른 과정을 통해 보다 탁월한 성과를 만들어 낼 수 있게 된다.

2) 이성과 감성: 대게 남자들은 이성적이고, 여자들은 감성적이다. 이성의 의해 물질문명은 극도로 발전했지만, 정신문명의 빈곤을 낳아 사람들은 오히려 더 외롭고 고된 삶을 살고 있다. 이는 기존의 문명이 개개인의 감성을 너무 무시한 체 물질문명의 발전에만 집착하여 왔기 때문이다. 그러므로 물질문명의 발전뿐만 아니라 개개인의 감성을 어루만져 사람들의 정신적 빈곤을 해결해 줄 수 있을 때 진정 모두가 온전히 아름답고 행복한 삶을 영위할 수 있는 세상이 될 것이다. 요즘 이성적 리더와 감성적 리더의 동업을 통한 경영 리더십paired leadership이 뜨는 이유도 같은 맥락이다.

3) 개인과 조직: 개인의 행복도 중요하고 조직의 발전도 중요하다. 조직의 발전을 무시한 체 개인의 행복만 강조하면 그 조직은 언젠가 사분오열되어 망하고 말 것이다. 이는 곧 그 조직에 속한 개인의 불행으로 이어질 것이다. 마찬가지로 개인의 행복을 무시한 체 조직의 발전만 강

조하면 일시적으로는 발전을 이룰 수 있을지라도 개인들의 이탈로 인해 장기적으로는 지속 가능한 발전을 이루지 못할 것이다. 그러므로 개인은 조직을 먼저 생각하고, 조직은 개개인의 행복을 우선 고려할 때, 개인과 조직은 동반 성장할 수 있다.

하드파워에 의해 세상은 엄청난 발전을 이루어 왔다. 그러나 그 경직성과 과격함으로 인해 사회 곳곳에서 통곡의 아우성이 그치지 않았다. 반면 소프트파워는 세상을 여유롭고 아름답게 한다. 하지만 소프트파워는 장기적으로 사람들을 나태하게 해 오히려 지속적인 발전을 어렵게 할 수도 있다. 그러므로 하드파워와 소프트파워는 적절히 때에 맞게 조화롭게 사용되어야 발전과 안정을 동시에 이룰 수 있다.

채찍은 일시적으로는 쓰다. 하지만 채찍은 삶을 담금질해 장기적으로는 보다 나은 발전을 가져온다. 반면 당근은 일시적으로는 사람을 즐겁게 한다. 하지만 지나치며 지속적인 당근은 사람을 교만과 나태함의 수렁으로 빠뜨려 장기적으로는 불행을 가져온다. 그러니 항상 둘을 동시에 고려하여 사용할 줄 알아야 한다.

우리는 성공한 사람들의 자기계발서에서 과정이 더 중요하니 성과가 더 중요하니 하는 주장들을 자주 만나게 된다. 대개는 과정이 더 중요하다라는 식으로 결론이 매듭지어진다. 이런 내용을 접하면서 항상 느끼는 것이지만 이는 지나친 비약적 결론이 아닌가 싶다.

어떻게 과정만 중요하고 성과는 중요치 않단 말인가? 반대로 성과만 중요하고 과정은 무시해도 된단 말인가? 어느 쪽도 맞지 않다. 위에서 살펴 본 바에서 알 수 있듯이 각각의 두 가지 힘은 각기 역할이 분명히 있는 것이다. 그러니 이 두 가지 힘을 동시에 볼 줄 알고, 때에 맞게 적절히 각각의 힘을 조율 배합해야 한다.

다만 한가지 유의할 점이 있다. 두 가지 힘 중에서 어느 힘에 더 주안점을 둘 때 지속 가능한 성공을 이룰 수 있는지를 유념하는 것이다. 지속 가능성이란 개개인 모두를 배려하고, 전체를 아우를 수 있을 때 가능한 법이기 때문이다.

결국 우주와 인생 그리고 세상에 대한 이해는 두 가지 힘을 동시에 인식하고 고려하는 것에 있게 된다. 그리고 이를 제대로 체득하는 것이 바로 인생 성공의 출발점이다. 왜냐하면 이 두 가지 힘은 우리 인간이 우주를 벗어 나지 않는 한 언제나 우리 곁에 존재하며, 우주를 움직이는 에너지, 삶의 지배 원리로 작용하기 있기 때문이다.

삶의 길잡이 멘토, 삶의 버팀목 철학

하지만 어느 누가 우주, 인생 그리고 세상에 대한 근본 원리를 터득하고 싶지 않겠는가? 또한 이를 바탕으로 한 성공의 핵심 요소와 법칙을!

세계 최고의 투자자인 워렌 버핏은 대학생 시절에 멘토인 벤자민 그레이엄의 강의와 책을 접하고 나서 가치 투자법으로 주식 투자에 성공해 현재는 오마하의 현인으로 추앙 받고 있다. 물론 끼와 재능이 있었겠지만, 자신을 이끌어 줄 멘토를 일찍부터 만난 덕에 오늘의 워렌 버핏이 존재할 수 있었다. 맨토가 삶의 길잡이 역할을 톡톡히 해 준 것이다.

미국 역사상 최초의 흑인 대통령인 오바마, 전 마이크로소프트의 회장 빌 게이츠는 모두 책을 가까이한 것으로 유명하다. 오바마 대통령의 경우는 하버드 로 리뷰의 최초 흑인 편집장 시절에 무수한 책을 접하면서 세상을 보는 지혜와 안목을 넓혔다. 빌 게이츠는 어렸을 때부터 집 근처의 도서관에서 살다시피 하면서 사업에 대한 꿈을 키워 오늘날의 마이크로소프트를 만들었다.

그럼 왜 독서가 이토록 삶의 성공에 지대한 영향을 미치는 것일까? 필자는 그 해답을 '생각에서 생각이 나온다'라고 정리하고 싶다. 책을 읽으면 자연스럽게 인생에 대해 남들보다 더 깊이 생각하게 된다. 생각의 조각들이 다시 가지를 쳐서 보다 큰 생각의 줄기를 형성하게 된다. 생각의 줄기는 곧 삶의 철학을 굳건하게 하고 인생의 길잡이 역할도 해 준다. 이는 곧 찬란한 혁신의 꽃을 만개하게 하여 성공이라는 알찬 열매를 맺게 한다.

따라서 의문투성이로 가득 차 보이는 우리네 인생을 보다 알차고 성공적으로 영위하기 위해서는 삶에 길잡이가 될 멘토와 삶의 버팀목이 될 철학은 너무도 중요하다. 만일 삶에 길잡이가 될 멘토가 있다면 좀 더 효과적이며 효율적으로 자신의 문제를 바르게 해결 해 나갈 수 있을 것이다. 또한 삶의 철학이 굳건하다면 자신의 철학과 원칙에 입각하여 포기하지 않고 열정적으로 문제를 헤쳐 나아 갈 수 있을 것이다. 그러니 멘토는 삶의 길잡이요, 철학은 삶의 버팀목이 되는 것이다.

그렇기에 우리네 삶에 길잡이가 될 멘토를 구하고, 삶의 버팀목이 될 철학을 터득할 수만 있다면 자신의 인생 여정에서 방향성을 상실하지 않고 충실한 과정을 통해 성공이라는 알찬 열매를 만들 수 있게 된다.

• • •

생각과 행동의 철학

해안에서 불과 30미터쯤 떨어진 바다 위에서 한 사내가 작은 배의 노를 젓고 있었다. 사내는 있는 힘껏 노를 저었지만 배는 꿈쩍도 하지 않았다.
해안가 언덕에서 이 모습을 지켜보던 노인이 사내의 배 옆구리에 구멍이 난 것을 발견했다. 배는 이미 서서히 가라앉고 있었다.

노인은 사내를 향해 큰 소리로 외쳤지만, 사내는 한 손에는 노를 들도 한 손으로는 차오르는 물을 퍼내느라 그 소리를 듣지 못했다.
노인은 다시 한 번 목청을 돋워 있는 힘껏 소리쳤다.

"당장 뭍으로 올라와 배를 고치지 않으면 곧 가라앉을 거요!"
"예. 예. 고맙습니다. 하지만 지금은 배에 난 구멍을 때우러 갈 시간이 없군요."

사내는 노인의 충고에도 아랑곳없이 열심히 물만 퍼냈다.

허우숭신, 《케임브리지 교수들에게 듣는 인생철학 51강》

위대한 스승

"어떤 교사도 저능아로 낙인찍힌 나에게 관심을 기울이지 않았다. 그러나 4학년 때, 대학을 갓 졸업하고 담임으로 부임하신 알렉사 선생님은 달랐다. 그녀는 생활기록부 내용을 무시했다. '넌 잘할 수 있다' 고 말하면서 다른 선생님들 보다 더 많은 것을 기대하고 요구했다. 나는 선생님을 기쁘게 해주고 싶었다. 선생님이 기대한 것 이상으로 피나는 노력을 해서 난생 처음으로 전 과목 A학점을 받았다.

중학교에 들어간 나는 IQ를 연구하는 심리학자가 되기로 결심했다. 그리고 예일대학교의 심리학 교수가 되었다. 초등학교 4학년 때 만약 다른 분이 담임으로 왔다면 나는 예일대학교 연구실을 차지한 교수가 아니라, 그 방을 청소하는 사람이 되었을지도 모른다."

이 사람은 오늘날 지능 분야에서 세계 최고의 학자로 인정받고 있는 로버트 스턴버그 박사다. 그가 쓴 책《성공 지능》의 첫 장은 단 한 문장의 내용을 담고 있다.

"내 인생의 방향을 바꾸어주신 알렉사 선생님께 이 책을 바친다."

비전 그리고 목표

삶의 길잡이가 될 멘토를 구하고, 버팀목이 될 철학을 갖추었다면, 이제는 자신이 추구하는 인생의 가치를 실현할 구체적인 비전과 장기적인 목표를 설정해야 한다. 이 구체적인 비전과 장기적인 목표는 삶의 철학을 갖춰가면서 자연스럽게 정립될 수도 있고, 어떤 특별한 계기로 구체화될 수도 있다. 어찌되었건 인생의 구체적인 비전과 장기적인 목표가 없다면 이는 마치 조타수 없이 항해하는 배와 같다. 배가 나아가야 할 방향을 상실한 체 이리저리 헤매다가 결국 암초를 만나 비참하게 좌초하고 만다.

회사를 창립하는 경우나 어떤 프로젝트를 진행 할 때도 반드시 구체적인 비전과 장기적인 목표를 먼저 세운다. 이 비전과 목표는 자신뿐만 아니라 사람들을 이끌고 독려하고 동기 부여하는 역할을 톡톡히 한다.

빌게이츠는 10대의 어린 시절부터 세계의 모든 가정에 컴퓨터를 한 대씩 보급하기로 결심하고 반드시 그렇게 할 것을 항상 외치고 다녔다고 한다. 스티븐 스필버그는 한 방송 인터뷰에서 자신은 열두 살 때부터 영화감독이 되기로 마음 먹었으며, 최고의 영화를 만들어 아카데미 시상식에서 상을 타는 꿈을 꾸었다고 한다.

훗날 이들은 어린 시절의 꿈을 그대로 실현시켰는데, 이들 모두의 공통점은 자신의 구체적인 비전, 즉 꿈을 어린 시절부터 사진을 찍어 두었

듯이 너무도 생생하고 또렷하게 꾸었다는 것이다. 인생의 성공에 있어서
꿈이 얼마나 중요한지 새삼 느끼게 하는 대목이다.

　흥미로운 설문조사가 하나 있다. 하버드 대학생을 대상으로 한 설문
조사의 결과는 구체적인 비전과 장기적 목표가 얼마나 인생에 지대한 영
향을 미치는지를 잘 보여 주고 있다. 설문 조사 대상자 중 27%는 목표
가 없고, 60%는 목표가 희미하며, 10%는 목표가 있지만 단기적이라고
응답했다. 단지 3%만 명확하고 장기적인 목표와 비전이 있었다. 명확한
장기적인 목표와 비전을 지녔던 3%는 25년 후에 자수성가한 사람과 사
회의 주도적인 위치에서 큰 영향력을 발휘하는 저명 인사가 되어 있었
다. 반면 단기적이며 목표가 희미했던 나머지 사람들은 중상위층 혹은
하위층에 머물러 있었다.

　우리가 익히 잘 하고 있는 세계적인 인물들의 어린 시절부터 생생하
게 그렸던 꿈을 좀 더 알아보자.

· · ·

비전Vision
미래에 이루어지길 원하는 바 또는 모습

예) **빌게이츠** 나는 전세계의 모든 가정에 컴퓨터를 한 대씩 설치하여 보다 편
　　리한 세상을 만들 것이다.

　　스티븐 스필버그 나는 최고의 영화를 만들어 아카데미 시상식에서 상을 탈 것이다.

　　스티브 잡스 나는 세계 최고의 IT회사를 만들어 세상을 바꿀 것이다.

> **조지 워싱턴** 나는 미국을 독립시키고 대통령이 되어 미국을 세계 최고의 국가로 만들 것이다.
>
> **에스테 로더** 나는 세계 최고의 화장품 회사를 만들어 부자가 될 것이다.
>
> **리처드 브랜슨** 나는 요람에서 무덤까지 소비자의 모든 욕구를 충족시키는 회사를 만들 것이다.
>
> **워렌 버핏** 나는 세계 제일의 부자가 되리라는 사실을 의심해본 적이 단 한 순간도 없다.

그렇다. 결국 꿈이다. 누가 먼저 빨리 생생하게 꿈, 즉 인생의 구체적인 비전과 장기적인 목표를 설정하느냐에 성공의 전부가 달려 있다고 해도 절대 지나치지 않다.

삶의 추진 동력인 핵심가치

하지만 만일 꿈을 실현시킬 구체적인 행동 규범이 없다면 꿈은 꿈만으로 끝날 수도 있다. 그러니 이제는 꿈, 즉 비전과 목표에 구체적인 행동을 더할 자신만의 핵심가치를 정립해야 한다. 지속적인 성장을 하는 기업은 일반적으로 기업의 성공 DNA와 같은 조직원 전체가 공유하는 핵심가치가 있다. 이 핵심가치는 CEO 뿐만 아니라 전체 직원들에게 지속적으로 동기부여 하여 어려움을 헤쳐나가게 하는 원동력을 제공한다.

핵심가치란 개인이나 조직에 활력을 불어넣어 새로운 가치를 창조케 하는 기본적이며 바람직한 행동 규범이라고 말할 수 있다. 이 핵심가치는 개인이나 조직이 지향하는 바의 개인적인 신념 또는 가치관이나 조직 문화 Organizational Culture 로 나타난다. 전 안철수연구소 안철수 대표는 "오래 살아남는 기업들에게는 핵심가치가 있다. 그 핵심가치란 회사가 아무리 힘들어도 변하지 않는 것이다. 정직이 핵심가치인 기업에게 생존하기 위해 정직하지 않아야 한다면 핵심가치를 포기해야 할 바에 차라리 기업 문을 닫자고 결정할 수도 있는 가치 기준"이라고 말했다.

기업의 핵심가치를 너무도 잘 대변하고 있는 사례가 있다. 바로 세계적인 글로벌 기업인 존슨앤존슨 Johnson & Johnson의 '우리의 신조 Our Credo'이다. 존슨앤존슨은 세계에서 가장 존경 받는 기업이다. 존슨앤존슨이 이렇게 된 이유는 고객, 직원, 사회, 주주에 대한 책임을 규정한 우리의 신조를 지속적으로 지켜오고 있기 때문이다. 이것은 창업자의 손자이나 당시 최고 경영자이었던 로버트 우드 존슨 Robert Wood Johnson이 작성한 것으로, 1943년에 만들어져 현재까지 경영철학으로 계승되어 오고 있다.

존슨앤존슨의 이 신조에는 **고객에 대한 책임, 직원에 대한 책임, 사회에 대한 책임, 주주에 대한 책임**이 순서대로 명시돼 있다. 이는 고객을 최우선을 생각하는 것이 결국 모든 이해관계자들에게 최고의 결과를 가져온다고 믿음에서 고객에 대한 책임을 첫 번째 책임으로 규정한 것이다.

존슨앤존슨의 이러한 신조의 실체가 극명하게 드러난 것이 바로 1982년 미국 시카고에서 일어난 '타이레놀' 사건이다. 1982년 미국 시카고에서 해열진통제인 타이레놀을 먹고 무려 7명이 사망했다. 누군가 고의로 타이레놀 병 속에 청산가리를 집어넣은 것이다.

이때 존슨앤존슨은 기업 신조대로 고객과 사회에 대한 책임을 실천하기 위해 즉각 시카고뿐만 아니라 미국 전역에서 모든 타이레놀을 수거해 전량 폐기했다. 그 비용만 총 2억 5,000만 달러에 달했으며, 세계 최초의 대규모 리콜이었다. 이것은 존슨앤존슨이 기업 신조대로 주주보다 고객과 사회에 대한 책임을 우선시 했기 때문에 가능했다. 이후 오히려 존슨앤존슨은 더욱더 존경받는 기업이 되었음은 물론이고, 매출도 크게 증가했다.

반세기도 훨씬 전에 만들어진, 단 한 장으로 된 이 신조는 존슨앤존슨을 세계 최고의 존경 받는 기업으로 만들어 준 살아있는 지침서요, 영혼과도 같은 핵심가치다. 그리고 이 신조는 존슨앤존슨을 지속 가능한 성공으로 이끈 나침반이요 촉매제였던 것이다.

웅진 그룹 윤석금 회장이 매일 아침 외우는 주문이라고 널리 알려진 '성공하는 사람들이 외우는 주문'는 개인의 핵심가치가 무엇인지 너무도 잘 나타낸 글이다. 매일 아침 이 주문을 외우면서 항상 깨어 있는 삶을 사는데 어찌 성공하지 않겠는가?

이러한 핵심가치는 마치 바이러스처럼 전체 직원들에게도 전염되기 마련이다. 이는 곧 회사 생활뿐만 아니라 자신의 인생에 있어서도 보다 긍정적인 변화의 바람을 불러온다. **성공하는 사람들이 외우는 주문 내용 그대로 어떤 고난도 이겨내고, 항상 더 많이 배우고, 절대 포기 하지 않으며, 의욕적이며, 긍정적이며, 열정에 가득 찬 젊음을 유지하며, 자신의 분야에서 전문가가 되고, 남을 배려하고 남과 함께 하는 성공**을 이룰 것임에 틀림없다.

성공하는 사람들이 외우는 주문

나는 나의 능력을 믿으며 어떠한 어려움이나 고난도 이겨낼 것이다.

나는 자랑스러운 나를 만들 것이며 항상 배우는 사람으로서 더 큰 사람이 될 것이다.

나는 늘 시작하는 사람으로서 새롭게 일할 것이며 어떤 일도 포기하지 않고 끝까지 성공시킬 것이다.

나는 항상 의욕이 넘치는 사람으로서 행동과 언어, 그리고 표정을 밝게 할 것이다.

나는 긍정적인 사람으로서 마음이 병들지 않도록 할 것이며 남을 미워하거나 시기, 질투하지 않을 것이다.

나는 내 나이가 몇 살이든 스무살의 젊음을 유지할 것이며 한 가지 분야에서 전문가가 되어 나라에 보탬이 될 것이다.

나는 다른 사람의 입장에서 생각하고 나를 아는 모든 사람들을 사랑할 것이다.

나는 나의 신조를 매일 반복하며 실천할 것이다.

근 400년 동안 노블레스 오블리주를 실천한 경주 최부자집의 가훈인 육훈　과 육연　은 한 가문의 핵심가치를 잘 나타내고 있는 경우이다. 율곡 이이 선생도 젊은 시절 자신의 인생의 비전과 목표를 세우고, 이를 성취하기 위한 구체적인 실천 방법으로 스스로 경계하는 글을 지어 좌우명을 삼았는데, 이것이 바로 그 유명한 자경문　이다.

육훈六訓과 육연六然

육훈六訓

1. 과거를 보되, 진사 이상의 벼슬은 하지 마라.
2. 재산은 만 석 이상 지니지 마라.
3. 과객을 후하게 대접하라.
4. 흉년기에는 땅을 사지 마라.
5. 며느리들은 시집온 후 3년 동안 무명옷을 입어라.
6. 사방 백 리 안에 굶어 죽는 사람이 없게 하라.

육연六然

1. 자처초연自處超然: 스스로 초연하게 지내고
2. 처인애연處人靄然: 남에게 온화하게 대하며
3. 무사징연無事澄然: 일이 없을 때 마음을 맑게 가지고
4. 유사참연有事斬然: 일을 당해서는 용감하게 대처하며
5. 득의담연得意淡然: 성공했을 때는 담담하게 행동하고
6. 실의태연失意泰然: 실의에 빠졌을 때는 태연히 행동하라.

● ● ●

자경문自警文

첫째, 뜻을 크게 세워 성인의 경지에 도달할 때까지 끊임없는 노력을 한다.
둘째, 마음을 안정시켜 쓸데없는 말과 행동을 삼간다.
셋째, 마음의 중심을 항시 잡는다.
넷째, 혼자 있을 때 더욱 조심한다.
다섯째, 실천이 없는 학문은 무용한 것이다.
여섯째, 물욕과 영예에 마음을 두지 않는다.

일곱째, 하고자 하는 일에 성의를 다한다.

여덟째, 천하를 위한다 해도 죄가 없는 자를 한 사람이라도 상하지 않게 한다.

아홉째, 아무리 난폭한 사람이라도 감화시켜 이끈다.

열째, 게으름과 수면을 탐내지 않는다.

열한째, 수양과 공부는 초조해하지도 풀어지지도 말고 끈기 있게 한다.

기업뿐만 아니라 가문 그리고 개개인들도 핵심가치를 정립해 꾸준히 실천한다면 삶이 한층 풍요로워질 것이고, 성공도 그리 멀지 않을 것이다.

• • •

핵심가치Core Values

개인이나 조직에 활력을 불어넣어 새로운 가치를 창조케 하는 기본적인 행동 규범

예) **기업:** 존슨앤존슨 – 우리의 신조Our Credo

　　가문: 경주 최부자집 – 육훈六訓과 육연六然

　　개인: 윤석금 웅진 그룹 회장 – 성공한 사람들이 외우는 주문

　　　　　이이 – 자경문自警文

실제로 21세기 경영학의 구루의 구루인 톰 피터스Tom Peters는 3대 경영서의 하나인 그의 저서 「초우량 기업의 조건In Search of Excellence」에서 기업의 8가지 핵심 성공요인–실행중시, 고객 밀착, 자율성과 기업가 정신, 사람을 통한 생산성 향상, 핵심가치에 근거한 실천, 핵심사업에 집중, 간소한 조직과 작은 본사, 강함과 온함의 양면의 규율–을 제시했다. 이 8가지 기업의 핵심 성공요인에 의하면 핵심가치와 같은 무형적인 요인이 기술, 자산, 설비 등의 유형적인 요인보다 기업의 성공에 더 지대한 영향을 미친다는 것이다.

개인이든, 가문이든, 기업이든, 핵심가치란 이렇듯 중요하다. 그러니 어찌 이를 간과할 수 있겠는가? 꿈을 생생하게 그렸다면 이제는 핵심가치를 정립해야 한다. 기업이 철학이 있고 가문이 가훈이 있고 개인이 신조가 있는데 어찌 예전과 달라지지 않겠는가? 그러니 핵심가치는 성공으로 이끄는 원동력이자 추진동력이다.

핵심역량 Core Competencies

자신의 핵심가치를 정립했다면 이제는 이를 바탕으로 자신만의 특별한 핵심역량을 구축해야 한다. 핵심역량이란 한마디로 자신이 남들보다 특별히 잘 할 수 있는 전문적이며 독보적인 능력을 말한다. 이 핵심역량은 차별적 가치가 있고, 희소하며, 남들이 모방하기 힘들고, 다른 어떤 것으로도 대체가 불가능한 네 가지 속성을 지닌다.

* * *

핵심역량

남과 차별화 할 수 있는 독보적이며 특별한 능력

핵심역량의 네 가지 요소

1. 가치성 Valuable
2. 희소성 Rare
3. 모방하기 힘듦 Inimitable
4. 다른 것으로 대체 불가능함 Non-substitutable

예) **빌게이츠:** 컴퓨터 프로그래밍 기술

스티븐 스필버그: 영화 제작 기술

스티브 잡스: 컴퓨터 프로그래밍 및 디자인 능력

조지 워싱턴: 정치적 능력

에스테 로더: 화장품 제조 기술

리차드 브랜슨: 경영 및 사업 능력

워렌 버핏: 가치 투자법

자신의 분야에서 핵심역량을 보유하고 있다는 것은 곧 그 분야에서 타의추종을 불허하는 강력한 내공을 지녔다는 것을 의미한다.

예를 들어, 빌게이츠의 컴퓨터 프로그래밍 기술, 스티븐 스필버거의 영화 제작 기술, 스티브 잡스의 컴퓨터 프로그래밍 및 디자인 능력, 조지 워싱턴의 정치적 능력, 에스테 로더의 화장품 제조 기술, 리차드 브랜슨의 경영 및 사업 능력, 워렌 버핏의 가치 투자법 같은 것이 대표적인 예이다.

남과의 경쟁에서 지속적인 경쟁우위를 창출하려면 이러한 **핵심역량이 적어도 하나** 이상은 꼭 있어야 한다. 만일 현재 자신에게 **핵심역량이 없다면 끊임없는 노력을 통해 반드시** 이를 일궈내야 한다. 이는 **생존과 직결된 문제이며 성공의 핵심**이다.

다시 한 번 정리해 보자. 우선 인생의 구체적인 비전과 장기적인 목표를 설정하자. 자신을 지속적으로 동기부여 할 핵심가치를 정립한 후 자신만의 특별하며 독보적인 핵심역량을 구축하자. 그리고 상생의 정신으로 무장해 지속 가능한 가치를 이루어 나가자. 그리하면 후일 명품 인생이라는 멋진 선물을 받을 준비가 된다.

비전

헨리 포드는 의사를 부르러 말을 타고 가는 도중에 어머니가 돌아가셨습니다. 그 뒤 그는 말보다 더 빠른 것을 만들겠다는 비전을 품고 결국 자동차를 만들었습니다.

지금도 디트로이트 자동차 기념관에 가면 헨리 포드의 사진 밑에 이런 글귀가 있다고 합니다.

"The Dreamer꿈꾸는 자"

비전은 영혼의 안경입니다. 비전은 돌 더미 밑의 보석을 보게 하고, 잡초 속의 네잎클로버를 보게 합니다. 비전 안에 우리의 미래가 담겨 있습니다.

허우슈선, 《헨리포드》

작품 인생

짧은 인생, 긴 여운!

저명한 경영학 대가인 피터 드러커Peter Drucker 는 성공적인 삶을 위해서는 10분 뒤와 10년 뒤를 동시에 생각하라고 조언했다. 즉 단기적인 목표와 장기적인 목표를 동시에 생각하고 볼 줄 알아야 인생에서 성공을 거둘 수 있다는 의미이다.

21세기 경영의 신이라고 불리는 잭 웰치의 부인인 수지 웰치는 그녀의 베스트 셀러 「10-10-10」이라는 책에서 10분 뒤, 10개월 뒤, 10년 뒤를 동시에 생각하라고 조언했다. 즉 단기, 중기, 장기 목표를 정해 하고자 하는 바를 실행하면 성과를 극대화 할 수 있다는 것이다. 이는 피터 드러커의 주장에서 한 단계 더 나아간 개념이다. 실제로 이렇게 체계적이고 치밀하게 계획을 세워 산다면 알찬 시간 관리를 통해 보다 좋을 결실을 맺을 수 있게 된다.

필자는 개인적으로 이러한 수지 웰치의 주장에 한 단계를 더 추가하고 싶다. 인생 전체와 사후의 평가까지 염두 해 둔 목표를 말이다. 즉 100년인 10데케이드   를 마지막에 추가하면 10-10-10-10이 된다. 평생 그리고 사후의 평가까지 염두 해 둔 삶의 목표를 정해 산다면 분명 사는 게 남다르지 않을까?

아래 피터 드러커의 일화는 이러한 점을 잘 나타내 준다.

드러커는 13세되던 해, 그가 다니는 학교에서 필리글러라는 신부가 종교수업을 맡고 있었다. 그 신부는 사람을 감동시키는 특별한 힘을 갖고 있었다. 어느날 필리글러 신부는 교실에 들어서자마자 학생들 하나하나에게 다음과 같이 질문했다.

"너는 죽은 후에 어떤 사람으로 기억되고 싶으냐?"

자신이 죽는다는 사실을 꿈에도 생각해보지 않은 소년들은 아무도 그 질문에 대답하지 못했다. 잠시 후 신부는 껄껄 웃으면 말했다.

"나는 너희들이 내 질문에 대답할 수 있을 것이라고 생각하지 않았다. 그러나 너희들이 50세가 되었을 때에도 내 질문에 대답할 수 없다면 너희들은 인생을 헛살았다고 할 수 있을 것이다."
많은 세월이 흘러 드러커와 친구들은 졸업60주년 동창회를 가졌다. 그날 모인 친구들은 한결같이 그 질문이 자신들을 완전히 바꿔놓았다고 말했다.

또한 피터 드러커는 세월이 흐른 후 그 질문에 대한 대답을 어느 인터뷰에서 이렇게 하고 답했다.
"여러 사람들의 성공을 도와준 사람으로 기억되기 바랍니다.(I hope to be remembered for a man who helped several people achieve their goals.)"

가까이 보는 사람은 눈 앞의 이익에만 몰두한 나머지 곧 빈곤해지기 마련이다. 좀 더 멀리 본다면 보다 의미 있고 가치 있는 인생은 언젠가 내 것이 될 것이다.

인생은 유한하지만 자신이 남긴 삶의 가치는 영원할 것이다. 그렇기에 좀 더 멀리 그리고 길게 보자.

자신만의 시간 관리 기법이 있어야 한다

하지만 시간은 한정되어 있다. 그러니 자신의 가치를 늘려가기 위해서는 특별한 시간 관리 기법이 있어야 한다.

그레그 S. 레이드는 "꿈을 날짜와 함께 적어 놓으면 그것은 목표가 되고, 목표를 세분하면 그것은 계획이 되며, 그 계획을 실행에 옮기면 꿈은 이루어진다"라고 말했다. 공자는 "일생의 계획은 젊은 시절에 달려 있고, 1년의 계획은 봄에 있고, 하루의 계획은 아침에 달려 있다"라고 말했다. 넓은 의미에서 그레그 S. 레이드나 공자의 말은 자신만의 특별한 시간 관리 기법이 있어야 한다는 뜻이다.

여기서 필자가 개발한 체용 의 시간 관리 기법을 소개하고자 한다.

· · · ·

지속 가능한 성공을 위한 체용 의 시간 관리 기법

본체 [1 + 6 = 7(행운)] + **작용** [생장성生長成 3단계 변화] = **완성** [10(十)]

우주는 하늘과 땅으로 이루어져 있다. 그 속에서 살고 있는 사람은 육체와 정신으로 구성되어 있다. 정신은 다시 이성과 감성의 두 부분으로 나눌 수 있다. 각각의 경우, 하나는 본체로서 본질적인 역할을 하고, 다른 하나는 이에 상응하여 실제로 어떤 기제가 일어나게 하는 작용 역할을 한다. 본체는 하나(1)이지만 작용으로 들어날 때는 종종 여섯(6)의 모습을 한다. 나아가 만물이 실제로 어떤 작용을 할 때는 생장성(탄생, 성장, 완성)의 세 단계 변화로 자신을 완성해 간다.

육각수

출처: 물은 답을 알고 있다

예를 들어 좀 더 쉽게 설명해 보자. 우주에서 만물의 탄생은 물로부터 비롯되었다. 지구는 70%가 물로 구성되어 있다. 우주를 그대로 닮은 소우주인 인간의 몸도 70%가 물이다. 이 물은 원소 번호가 1번이다. 하나의 물 입자는 완벽한 육각형 모양을 하고 있다. 또한 물은 고체, 액체, 기체의 세 단계로 자신의 모습을 변화시키며 끊임없이 순환한다.

마찬가지로 우리 삶에도 이를 적용해 보자. 우선 하루   , 일주일   , 한달   , 일년   , 십년   , 백년   씩으로 한 단위씩 끊어서 계획을 세워보자. 그리고 매 단위마다 여섯 가지 정도의 할 일을 메모해서 실행하자. 나아가 물이 고체, 액체, 기체의 세가지 모습으로 자신을 변화시키듯, 하고자 하는 일을 세 단계로 나눠 접근해 보자. 첫 단계는 시작, 둘째 단계는 발전, 셋째 단계는 완성하는 식으로 계획을 수립해 실행에 옮기자. 이렇게 하면 완벽한 수인 10(十)을 이루어 완성, 성공이라는 찬란한 열매를 맛 볼 수 있다.

자신의 상황과 여건에 맞게끔 변형해서 꼭 한번 실생활에 적용해 볼 것을 권한다. 멋진 성과가 그대를 눈부시게 기다릴 것이다.

무한한 가치를 위한 작품 인생

근래 미국의 경제지 포브스   가 갤럽에 의뢰해 전세계 155개국 국민을 대상으로 설문을 실시한 결과에 의하면 덴마크가 "가장 행복한 나라"라고 한다. 하지만 한국은 56위를 기록해 경제위기를 맞은 그리스나 내전을 겪은 코소보보다도 낮았다. 덴마크의 국민은 80%가 행복하다고 느끼는 반면, 한국은 80% 가 불행하다고 느낀다고 한다. 이 조사는 경제력과 행복 지수가 반드시 일치하는 것은 아니라는 점을 보여준다. 그러니 "행복이란 돈으로 살수 없다"라는 말이 일리가 있다.

사람의 삶에는 세가지 종류가 있다고 한다. 노예 인생, 상품 인생 그리고 작품 인생이 그것이다. 대부분의 사람은 노예나 상품 인생을 산다고 한다. 하루 하루를 마지못해서 남이 시키는 일을 대충 대충하면서 노예처럼 살아 가거나 좀 더 많은 월급을 받기 위해 자신의 인생도 상품처럼 잘 팔리게 하기 위해 부단히 애쓴다는 것이다.

그렇다고 의기소침해 하거나 좌절하지 말자. 지금까지 이야기한 것을 차근차근 준비해 나간다면 분명 다른 인생이 펼쳐진다. 노예 인생이나 상품 인생이 아닌 작품 인생은 우리가 하기 나름이다. 절대 주눅들지 말자. 지금부터 시작이다.

· · · ·

시간관리를 위한 5가지 법칙

1. 시간을 잘 관리하면 인생을 잘 관리할 수 있다.
2. 성공과 자기실현의 토대는 지배가치이다.
3. 일상활동에서 지배가치에 따라 행동하면 마음의 평화를 얻는다.
4. 더 높은 목표에 도달하려면 현재의 편한 상태에서 벗어나야 한다.
5. 일일계획의 수립과 실행은 집중력과 시간 활용도를 높여준다.

· · · ·

인생관리를 위한 5가지 법칙

1. 행동은 자신에 대한 진실한 믿음의 반영이다.
2. 믿음과 현실이 일치할 때 욕구를 실현 할 수 있다.
3. 그릇된 믿음을 바꾸면 부정적인 행동을 극복할 수 있다.
4. 자부심은 자신의 내면으로부터 나와야 한다.
5. 더 많이 주면 더 많이 얻는다.

위에서 이야기 한 것을 간략히 정리하면 아래와 같다.

먼저 삶의 길잡이가 될 멘토를 구하고, 버팀목이 될 철학을 갖춘다.

인생의 구체적인 비전과 핵심가치를 정립한다.

핵심가치를 바탕으로 꾸준히 노력하여 핵심역량을 구축한다.

자신에게 맞는 시간 관리 기법을 통해 시간을 효율적으로 사용한다.

철저히 준비한 후 새로운 기회를 기다린다.

벤자민 그레이엄을 스승으로 모시고, 그의 이론을 투자철학으로 삼다.

이런 시절부터 세계 제일의 부자를 꿈꾸다. 가치 투자를 핵심가치로 삼다.

꾸준한 독서와 연구를 통해 주식투자 노하우를 터득하다.

철저한 시간 관리를 통해 매사에 부지런하고 성실히 임하다.

철저히 준비한 후 폭락장 등의 새로운 투자 기회를 기다리다.

위에서 이야기한 바에 대해 철저히 준비했다면 이제는 작품 인생을 안겨줄 새로운 기회를 포착해 어떻게 이를 내 것으로 만들지 고민해야 한다.

지속 가능한 성공을 위한
우리의 첫 번째 결의

—

나는 나다. 절대 다른 어떤 이도 아닌 바로 나다. 그러므로 내 인생은 내가 개척하고 내가 책임진다.

이를 위해 우선 내가 좋아하며, 내가 잘 할 수 있고, 의미와 가치가 있는 일을 찾을 것이다. 이 일에 나의 모든 것을 걸고 평생을 일관되게 포기하지 않고 나아갈 것이다. 한발 더 나아가 사회에도 기여할 것이다.

물론 나 혼자 힘으로는 한계가 있다는 것을 잘 알고 있다. 폭넓게 독서를 할 것이다. 스승도 찾을 것이다. 더불어 삶의 철학도 갖출 것이다. 이는 불안한 나의 삶에 흔들이지 않는 길잡이와 버팀목이 되어 줄 것이다.

다음으로 나를 끊임없이 독려하고 동기부여 할 행동 규범인 나의 신조를 정립할 것이다. 이는 힘들 때 나를 더욱 채찍질해 의기를 굳건하게 할 것이다.

핵심가치인 나의 신조를 바탕으로 꾸준히 노력한다면 나에게도 남다른 독보적 핵심역량이 보란 듯이 생길 것이다. 물론 철저한 시간 관리를 통해 매사에 부지런하며 성실히 임하는 것도 잊지 말아야 한다.

자! 이제 준비는 되었으니, 작품 인생을 안겨다 줄 새로운 기회를 잡을 때다.

제 2단계: 기회 − 성공 씨앗을 싹 틔워라

차별적 핵심역량을 갖췄다고 해서 어느날 갑자기 성공이 보란듯이 다가오는 것은 아니다. 길지 않은 인생에서 흔치 않은 기회를 자신의 것으로 만들지 못한다면 아름답고 풍요로우며 의미 있고 가치 있는 삶과는 거리가 멀어진다. 따라서 이제 자신의 성공을 가늠하는 씨앗인 기회의 싹을 푸르게 틔워야 한다.

인사人事에는 기회가 있다!
실패와 장애에 오히려 위대한 가르침이 존재한다.

마이크로소프트라는 회사를 모르는 사람은 아무도 없을 것이다. 마이크로소프트를 현재와 같은 세계 최고의 글로벌 기업으로 만든 사람은 바로 빌 게이츠다. 그런데 이 마이크로소프트는 특별한 인재 채용 방식이 있는데, 실패한 경험이 있는 사람을 별도로 우대해서 뽑는다는 것이다. 이러한 인재 채용 방식은 마이크로소프트를 세계 초일류 글로벌 기업으로 만드는데 한 몫을 톡톡히 했다. 그럼 왜 이런 다소 특이해 보이는 인재 채용 방식을 고집하는 걸까?

성공한 사람들의 과거를 들여다 보면 그 이유를 짐작할 수 있다. 대개 사람들은 한번이라도 실패를 하게 되면 낙담하여 어쩔 줄 몰라 하며 자포자기한다. 하지만 실패가 오히려 인생이나 사업의 성공에 순영향을 키친 사례가 의외로 많다.

예를 들어보자. 에이브러햄 링컨은 대통령이 되기 전까지는 삶 자체가 실패의 연속이었다. 오른쪽 내용은 그의 실패 이력이다.

하지만 링컨은 이러한 수많은 실패에도 불구하고 불굴의 의지로 다시 일어나 다음을 기약했다. 초등학교도 나오지 못한 구두 수선공의 아들, 그러나 항상 책을 가까이 했고 미래의 원대한 꿈을 그리며 결코 좌절하지 않았다. 급기야 그동안의 모든 실패를 한번에 만회하며 52세의 나이로 대통령에 당선되어 미국 역사상 가장 위대한 대통령이 되었다.

집안이 가난하여 9개월밖에 학교를 다니지 못함

 9세 - 어머니 사망

15세 - 집을 잃고 길거리로 쫓겨남

23세 - 사업 실패

24세 - 주 의회 선거에서 낙선

25세 - 사업파산

28세 - 신경쇠약으로 입원

30세 - 주의회 의장직 선거에서 패배

32세 - 정부통령 선거위원 출마 패배

35세 - 하원의원 선거 낙선

36세 - 하원의원 공천 탈락

40세 - 하원의원 재선거 낙선

47세 - 상원의원 선거 낙선

48세 - 부통령 후보 지명전 낙선(100표차)

50세 - 상원의원 출마 낙선

흑인, 사생아, 불우한 어린 시절, 성폭력 피해, 그리고 미혼모. 세상의 모든 불운은 혼자 다 지닌 듯한 오프라 윈프리. 그런 그녀가 세상을 움직이는 인물로 우뚝 설 수 있었던 것은 불우한 환경 속에서도 결코 좌절하지 않고 오히려 더 적극적으로 임한 삶의 자세였다. 그녀는 시련과 실패에 슬기롭게 대처하는 꿋꿋한 모습을 통해 불우한 환경이 결코 독만 되는 것이 아니라는 것을 스스로 증명해 보였다.

토머스 에디슨은 단 삼 개월간 정규 교육을 받았을 뿐이지만 무수한 실패를 딛고 일어나 세계 최고의 발명가가 되었다. 커넬 샌더스는 가진 것이라곤 단돈 100달러와 낡은 자동차 한대뿐이었지만 1,000여 번의 거절을 딛고 KFC를 글로벌 기업으로 만들었다.

애플의 스티브 잡스는 회사 창업 후 그 당시 가장 혁신적인 맥킨토시라는 컴퓨터를 개발하여 성공 가도를 달렸다. 그러나 성공은 오래 가지 않았다. 지나친 자만심과 폐쇄 정책으로 마이크로소프트에 추월 당하는 등 굴욕을 당하다가 결국 CEO자리에서 쫓겨나는 시련을 겪었다. 하지만 와신상담, 쓰라린 패배를 딛고 일어나 아이패드, 아이폰 같은 혁신적인 제품을 잇따라 출시하면서 재기에 성공했다.

벨이 세계 최초로 전화기를 발명한 후 당대 최고 기업인 웨스턴 유니온 사장을 만나 기술을 이전해 갈 것을 의뢰했다. 하지만 혁신적 기술에 대한 안목이 부족했던 웨스턴 유니온 사장은 이를 거절했다. 이에 오기가 발동한 벨은 스스로 창업해 AT&T라는 글로벌 기업을 만들었다. 만일 웨스턴 유니온 사장이 벨의 기술을 알아보고 이를 채택했다면 오늘날의 AT&T는 존재하지 않을 것이다.

재미있는 사례가 하나 있다. 원래 포스트잇은 3M 사의 실패작이었다. 한 연구원이 강력한 접착제를 만들려다 실패해 접착력이 매우 약한 접착제를 만들었다. 쓸모 없다고 판단된 이 접착제는 수년간 창고 속에 방치된 체 폐기처분을 기다리는 신세가 되었다. 그 후 누군가의 우연한 제안에 의해 약한 접착력을 처음 의도와 전혀 다른 메모지로 활용하게 된 것이다. 이것은 3M의 실패를 장려하는 문화 속에서 피어난 아름다운 결과물이었다.

IBM의 창업자 톰 왓슨Tom Watson은 "성공하고 싶다면 더 많이 실패하라"고 조언했다. 즉 실패가 단순히 실패로 끝나지 않고 성공으로 가는 징검다리, 초석이 된다는 뜻이다. 왜 그럴까? 실패는 우리에게 다음과 같은 특별한 교훈을 주기 때문이다.

· · ·
실패가 주는 교훈

1. 실패는 동기를 부여한다.
2. 실패는 성숙케 한다.
3. 실패는 혁신케 한다.
4. 실패는 더 큰 기회와 이익을 준다.

사람은 누구나 실패를 하거나 장애를 만나게 되면 깊은 좌절의 수렁에 빠지게 된다. 하지만 생명, 특히 사람은 오기와 투지라는 것이 있다. 실패나 장애에 비례해서 이 오기와 투지도 따라 커진다. 이것은 물리학에서 말하는 작용반작용의 법칙과 일맥상통한다. 대개 사람들은 인간도 물리법칙에 종속된다는 것을 잘 깨닫지 못한다. 하지만 확언컨대 인간도 물리학의 범주를 절대 벗어 날 수 없다. 실패나 장애가 작용에 해당된다면 이에 대한 반작용이 바로 오기와 투지다. 이 오기와 투지는 우리에게 동기부여하고, 우리를 성숙케 하고 혁신케 한다. 더불어 새로운 방법을 찾게 하여 더 큰 기회와 이익을 가져다 준다.

「나의 백만장자 아저씨」의 저자 리처드 폴 에반스는 "우리는 장애물과 실패 때문에 성공하게 된다"라고 말했다. 진실로 명언이다.

확실한 것에는 기회가 없다

실패를 해 본 사람은 진정 새로운 기회에 목 말라 한다. 실패를 만회할 새로운 기회를 잡기 위해 각고의 노력과 준비를 게을리 하지 않는다. 그렇다면 기회는 과연 어디에 있단 말인가?

기회에 대해 숙고해 볼 수 있는 좋은 일화가 있다. 상대성 이론으로 유명한 알버트 아인슈타인(Albert Einstein) 이 스위스에서 대학을 다니던 시절, "어떻게 하면 과학계에서 발자취를 남길 수 있을까요?"라는 아인슈타인의 질문에 지도교수였던 수학자 민코프스키 교수는 이렇게 대답했다. "우리는 아무도 가지 않은 길을 두려워합니다. 그러나 확실한 길은 안전하지만 그곳에는 기회가 없습니다."

민코프스키 교수의 말처럼 확실한 것에는 기회가 없다. 이미 수많은 사람들이 자신만의 영역을 구축하고 있기 때문에 신참이 설 자리는 없다. 만일 있다고 해도 유혈 경쟁으로 붉게 물든 레드오션(Red Ocean)을 헤치고 나아가야 한다. 그러니 불확실하여 안전하지 않기 때문에 아무로 가려 하지 않는 곳에 기회가 존재 하게 된다. 이름하여 경쟁이 전혀 없는 푸르디 푸른 블루오션(Blue Ocean) 이다.

진정한 성공을 원한다면 남들이 가지 않는 곳에 귀를 기울려야 한다. 비록 외로울지라도 자신의 길을 묵묵히 갈 줄 아는 인내심과 끈기가 성공으로 이끌어 줄 것이다.

기회는 순간이다! 준비된 사람만이 이를 잡을 수 있다

리시포스는　　　는 고대 그리스의 조각가다. 대표작으로 카이로스 신상이 있다.

기회의 신인 카이로스는 달리는 모습을 하고 있는데, 앞머리는 머리카락이 무성하고 뒷머리와 목덜미는 민숭민숭하다. 어깨의 커다란 날개도 모자라 발 뒤꿈치에도 작은 날개가 있다. 한 손에는 저울을 다른 한 손에는 날카로운 칼을 들고 있는 특이한 모습을 하고 있다.

특이하게 생긴 이 조각상에는 깊게 생각해 볼만한 시구가 새겨져 있다. 그 내용은 다음과 같다.

"너는 누구인가?"
"나는 모든 것을 지배하는 기회다."

"앞머리가 무성한 이유는?"
"사람들이 나를 보았을 때 쉽게 붙잡을 수 있게 하기 위함이지."

"그렇다면 뒷머리가 대머리인 이유는?"
"내가 지나가고 나면 다시는 나를 붙잡지 못하도록 하기 위함이지."

"발 뒤꿈치와 어깨에 날개가 달린 이유는?"
"최대한 빨리 왔다 빨리 사라지기 위함이지."

"손에 칼과 저울을 들고 있는 이유는?"
"오른손의 칼은 옳다고 판단되면 칼 같이 결단을 내리기 위함이고, 왼손에 있는 저울은 그것이 왔을 때 옳고 그름을 분별 있게 판단하기 위함이지."

그렇다. 기회는 생각지도 못한 모습으로 우리 곁을 다가왔다가 잠시 머뭇거리는 사이에 휑하니 우리를 스쳐 지나가 버린다. 옳고 그름을 판별하고 칼 같이 결단을 내려 그것을 자신의 것으로 만들기 위해서는 끊임없이 자신을 갈고 닦아 준비해야 한다. 준비된 사람만이 기회를 잡을 수 있고 그것을 성공으로 연결시킬 수 있다.

실패는 성공의 어머니

에디슨이 전구를 발명할 때의 일입니다.

에디슨은 2천 번의 실패를 한 후에 드디어 전구를 발명하는데 성공합니다. 이것을 보고 한 젊은 기자가 그렇게 계속해서 실패 했을 때의 기분이 어땠는지 물었습니다.

그때 에디슨은 이렇게 대답했습니다.

"실패라뇨? 전 단 한번도 실패 한 적이 없습니다. 단지 2천 번의 단계를 거쳐 전구를 발명했을 뿐입니다."

우리가 준비해야 할 것은 초등학교에서 이미 다 배웠다

그렇다면 무엇을 준비해야 순식간에 지나가 버리는 기회를 놓치지 않고 자신의 것으로 만들 수 있을까? 우리나라 벤처의 대부이자 산 증인인 미래산업의 회장 정문술 회장은 그의 저서에서 아래와 같이 술회하고 있다.

"어느 날 우연히 당시 초등학교를 다니던 아들의 도덕교과서를 보게 되었다. '더불어 살아야 한다', '약속은 반드시 지켜야 한다', '정직해야 한다', '겸손해야 한다', '성실해야 한다', '솔선수범해야 한다', '희생할 줄 알아야 한다' 등의 글이 그 안에 가득 차 있었다. 그 짧은 순간이 내 경영 인생의 커다란 전환점이 되었다. 그 이후로 나는 줄곧 초등학교 도덕교과서가 시키는 대로만 회사를 운영하려고 애썼다."

그렇다. 우리가 성공을 이루기 위해 준비해야 하는 것들은 의외로 단순하다. 우선 기본에 충실하는 것이다. 물론 재주니 재능이니 하는 것도 중요하다. 하지만 무엇보다도 덕이 몸에 베여야 한다. 우리가 너무 쉽게 간과하고 있는 것들에 성공이 크게 매여 있는 것이다.

MBA 필수과목 중의 하나인 조직행동론   에서는 기본적인 두 가지 특성, 업무 지향형   과 인간관계 지향형   을 기준으로 인재를 네 부류로 나눈다. 업무 지향형은 전문 지식과 업무 능력 등의 재주가 뛰어난 인재를, 인간관계 지향형은 사람들 사이의 관계를 유연하게 잘 풀어가는 덕이 높은 인재를 의미한다.

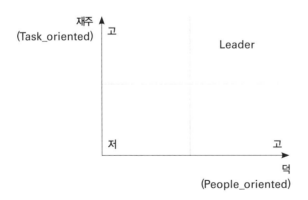

많은 연구 결과에 의하면, 인간관계 지향형의 인재가 업무 지향형의 인재보다 더 큰 업적을 쌓는 것으로 알려져 있다.

재주가 덕을 앞선 사람은 단기적인 성과 창출에 띄어난 반면, 재주보다 덕이 높은 사람은 단기적인 성과 창출은 미흡하지만 훌륭한 인간 관계를 통해 장기적으로는 보다 큰 성과를 만들어 낸다고 한다.

덕보다 재주가 앞선 사람은 대개 자신보다 재주가 덜한 사람을 함부로 대하는 경향이 있다. 자신의 이익을 증대하는 데만 급급한 나머지 남을 안하무인 격으로 대한다. 결국 사람들이 모두 떠나 조직이 와해되고 만다. 반면 인간 관계를 중요시하는 사람은 팀웍을 잘 발휘해 자신과 타인 그리고 개인과 조직이 더불어 성장하게 한다.

네 부류의 인재 중에서 조직에 가장 필요로 하는 사람은 단연 덕과 재주가 모두 뛰어난 사람이다.

그렇다면 가장 위험한 사람은 누구일까?
바로 재주가 덕을 앞선 사람이다.

재주와 덕이 모두 덜한 사람이라고 대답하기 십상이다. 하지만 재주와 덕이 모두 모자란 사람은 뽑지도 쓰지도 않기 때문에 논의에서 제외해야 한다. 반면 재주가 덕을 앞선 사람은 다르다. 간혹 재주를 믿고 일을 맡기는 경우가 있다. 하지만 꼭 잔머리를 쓰고 만다. 남보다 자신의 이익을, 조직보다는 개인의 이익을 앞세워 일을 저지르는 만다. 결국 조직을 위태롭게 하고 타인의 성장을 저해한다. 그러니 가장 위험한 사람은 바로 재주가 덕을 앞선 사람이다.

따라서 조직의 리더, 더 나아가 글로벌 리더가 되기 위해선 덕과 재주를 겸비하되 덕이 항상 몸에 베이도록 해야 한다.

또 다른 기회는 온라인 교육으로 준비하자

그렇다면 우리는 어떻게 준비해야 할 것인가? 교육 분야를 한번 살펴보자. 파괴적 혁신   이론으로 유명한 하버드대 클레이스튼 교수는 그의 저서 「미래 기업의 조건   」에서 미래의 공교육은 온라인 교육의 활성화로 급속도로 파괴될 것이라고 내다보았다. 피터 드러커도 "미래 교육은 전통적인 학교 밖에 있다"고 주장했다.

온라인 교육은 저가 시장을 비롯해 기존에 직장생활로 학업을 병행할 수 없던 사람들을 대상으로 하는 비소비 교육 시장을 빠르게 잠식하고 있으며 평생교육의 입지를 다지고 있다. 실제로 미국에서는 한 과목 이상을 온라인으로 수강하는 학생이 전체 수강자 대비 50%를 넘고 있으며, 그 인원도 1000만 명 이상을 상회하고 있다. 또한 하버드, MIT가 공동으로 만든 에드엑스   와 스탠포드 대학교 교수가 설립한 코세라   에는 전세계 수천만 명이 온라인 강좌를 수강 중에 있다.

100% 순수 온라인만으로도 박사학위를 수여하는 세계적인 명문 대학들도 쏙쏙 등장하고 있다. 미국 서부의 명문 대학 스탠포드 대학교의 온라인 고등학교를 비롯해서 온라인 중학교, 온라인 초등학교가 우후죽

순처럼 번창하고 있다. 이미 온라인 교육은 기술 수용 주기상 큰 단절인 깨즘   을 지나 주류 시장으로 빠르게 진입하고 있다.

산업혁명을 이끌었던 영국을 비롯한 유럽도 다수의 명문 대학들이 발 빠르게 온라인 MBA를 개설운영하고 있다. 이에 뒤질세라 한국, 호주, 말레이시아, 싱가포르, 인도를 비롯한 아시아 국가들도 급변하는 온라인 교육 시장에 본격적으로 뛰어들고 있다.

세계적인 경영학자인 런던 비즈니스 스쿨의 게리 하멜 교수의 주장대로 조잡한 강의 자료로 수업을 하는 기존의 오프라인 MBA가 보다 효과적인 온라인 MBA로 빠르게 대체되고 있으며, 수많은 학생들이 수강 중에 있다. 경영학 박사과정 세계 1위인 영국의 맨체스터 대학교를 비롯해 미국의 듀크 대학교, 보스턴 대학교 등 다수의 명문 대학들이 온라인 MBA 또는 박사학위 과정을 개설운영 중에 있다.

미국의 명문 대학 스탠포드 대학교는 대학 커리큘럼 대부분의 과정을 온라인으로 개설 운영하고 있으며, 세계 최고의 명문 대학인 하버드 대학교를 비롯한 아이비리그 대학들도 온라인 학사, 석사, 박사 학위 과정을 개설운영 중에 있다. 국내에서도 조선, 중앙, 매일경제, 휴넷, EBS 등 단기 온라인 MBA 과정과 고려대, 한양대, 경희대 등 20여 개 대학이 사이버대학이라는 별도 법인을 설립하여 다양한 학위 과정을 개설운영 중에 있다.

이제 직접 해외로 유학을 가지 않고도 세계 최고 명문 대학교의 전 학위 과정을 온라인 교육만으로 이수할 수 있게 된 것이다. 불과 몇 년 전만 하더라도 상상도 못할 일이 벌어지고 있는 것이다. 직장 생활, 지역적 한계와 고비용으로 인해 과거 오프라인 교육 시스템에서는 교육 혜택을 전혀 누릴 수 없었던 사람들에게는 희소식이 아닐 수 없다. 하지만 이러한 교육의 변화는 이제 시작에 불과하다. 머지 않은 장래에 거대한 돌풍을 일으켜 인류 역사 이래 성역으로 여겨졌던 기존 오프라인 학교를 급속도로 파괴하여 온라인 주도의 신교육 문화를 열 것이다.

기존의 아날로그 기술에 안주하여 새롭고 혁신적인 디지털 카메라 기술을 간과한 코닥, 전화기의 혁신성을 간과하여 벨의 제안을 일언지하에 거절한 웨스턴 유니언은 모두 파괴적 혁신을 주도하는 신기술을 인식하지 못해 비참한 최후를 맞이하고 말았다. 오늘날의 교육 정책 입안자들이나 학교가 지난날의 코닥이나 웨스턴 유니언처럼 과오를 범하지 말라는 법이 어디 있겠는가?

실제로 조지 이스트먼이 유리판 필름을 만들면서 세운 회사인 코닥은 아날로그 카메라가 생필품이 되면서 사업이 번창하여 1984년 직원수가 무려 14만 5000명인 대기업으로 성장, 다우지수 30대 기업이 되었다. 하지만 현실에 안주한 나머지 디지털 시대에 아날로그 필름 제조를 고집하는 등 몰락을 자초하여 계속적인 구조 조정으로 한때 직원수가 2만 여명에 지나지 않은 적이 있었다. 이러한 코닥의 몰락은 대세를 역행하여 스스로의 자멸을 초래한 필연적 결과다.

기회는 준비된 자의 것! 반드시 덕과 재주를 겸비하자

노바트의 대표 노비 야모고시에 의하면 피플 스킬에 60대 40의 법칙이 있다고 한다. 즉 60퍼센트는 주고 40퍼센트만 받자는 것이다. 이것이 바로 가정이든 회사든 조직이든 어디에서든 성공, 화목, 행복의 지름길이라는 것이다. 60은 주고 40만 받으면 우선은 손해일지라도 이것이 덕이 되어 나중에는 더 크게 성공하게 된다. 순간의 이익을 위해 인생을 짧게 보고 사는 것이 아니라 길고 장기적으로 보고 사는 것이다. 덕승재라고 했던가? 덕이 재주를 앞서야 큰 성공을 이룰 수 있고, 역사에도 남는다. 그런데 이 덕이라는 것은 하루 아침에 갑자기 생겨나질 않는다. 다양한 경험과 폭넓은 독서, 꾸준한 자기반성, 사람의 본성에 대한 깊은 성찰이 없다면 결코 쌓이질 않는다.

언젠가 IT 벤처 성공 신화로 유명한 어떤 분의 세미나에 참석한 적이 있다. 그때 "선생님의 핵심 성공 요인은 무엇이라고 생각하세요?"라고 질문했다. 그 분의 대답은 이렇다. "운칠기삼 ! 운이 칠이고, 기가 삼이다. 그런데 이 운은 바로 인간관계에서 비롯된다. 평소에 베푼 것이 나중에는 덕이 되어 돌아온다."

물론 재주가 중요하지 않다는 것은 절대 아니다. 덕도 중요하고 재주도 중요하다. 하지만 복잡한 인간 관계로 얽히고 설켜 있는 이 세상에서 보다 가치 있는 지속 가능한 성공을 이루려면 반드시 덕을 겸비해야 한다. 그런데 현재의 학교 교육이라는 것이 재주만 키우는 암기식 교육이 주다. 정문술 회장의 말대로 덕과 지혜를 함양하는 교육은 초등학교에서나 배울 수 있다. 그런 면에서 현재의 학교 교육은 덕과 재주를 함께 함양할 수 있도록 인문학 교육을 강화하는 등 재고가 필요하다.

재주 없는 덕은 무모하고, 덕 없는 재주는 지속될 수 없다. 그러니 자신만의 차별적 퍼스널 브랜드를 구축하기 위해서는 탁월한 전문적인 지식과 뛰어난 인재 경영술을 겸비해야 한다. 물론 이것이 지속 가능 하려면 덕을 우선시 할 필요가 있다. 요즘 감성경영, 감성리더십이 핫이슈가되고 있는 이면에는 이러한 맥락이 분명히 흐르고 있다.

이 세상에서 가장 존귀하고 소중한 존재는 바로 자신이다. 사람은 자신의 감성을 존중하여 하나의 완전한 인격체로 인정해 주는 리더를 믿고따르고 싶어하기 마련이다.

* * *

덕과 재주

어느날 제자들이 아인슈타인에게 물었다.
"선생님의 그 많은 학문은 어디에서 나왔나요?"
그는 손끝에 물 한 방울을 떨어뜨리며 대답했다.
"내 학문은 바다에 비하면 이 물 한 방울에 지나지 않는다."

은지성, 《심관》

창조적 파괴! 그 속에는 언제나 기회가 있다

사람은 누구나 지속적인 성과를 만들길 원한다. 하지만 이런 희망이
항상 이루어지는 것은 아니다. 비록 덕과 재주를 겸비하더라도 자신의
뜻을 펼칠 기회를 잡지 못한다면 이는 단지 희망 사항에 지나지 않다.
당연히 어디에 기회가 존재하는지를 알아야 한다.

요즘 자주 접하는 경영학 용어 중에 '창조적 파괴   '라
는 말이 있다. 이 창조적 파괴라는 용어는 저명한 경제학자 조셉 슘페터
가 기술의 발달에 경제가 얼마나 잘 적응해 나가는지
를 설명하기 위해 제시했던 개념으로 기술혁신에 의해 낡은 것을 파괴,
도태시키고 새로운 것을 창조하고 변혁을 일으키는 과정 또는 행위를 뜻
한다.

몇 가지 예를 들어보자. 입는 컴퓨터인 웨어러블 컴퓨터, 종이책, 종
이신문의 몰락을 가져오고 있는 전자책, 전자신문, 질병 치료의 신기원
을 열어 줄 줄기세포 기술 및 유전자 치료제, 오프라인 학교를 파괴하고
새로운 교육 패러다임을 창조하고 있는 온라인 교육 등을 들 수 있다.

창조적 파괴Creative Destruction

혁신에 의해 낡은 것을 파괴, 도태시키고 새로운 것을 창조하고 변혁을 일으키는 과정 또는 행위 경제학자 조셉 슘페터

예) **IT 분야** 웨어러블 컴퓨터, 전자책 및 신문, 자동주행차, 3D 프린터 등

　　BT 분 줄기세포 기술, 유전자 치료제 등

　　교육 분야 온라인 교육 등

세상은 존속적 혁신을 통해 서서히 발전해 왔다. 하지만 이는 언젠가 그 발전의 한계를 맞게 된다. 이 때 창조적 파괴가 일어나 전혀 새로운 세상을 만든다. 존속적 혁신에 의한 점진적 발전의 과정에서도 기회는 존재한다. 하지만 대개는 기득권 세력이 기존 체제를 완전히 잠식하고 있기 때문에 신참이 기회를 잡기는 여간 쉬운 일이 아니다.

반면 창조적 파괴는 기존 체제를 완전히 허물고 전혀 새로운 체제를 만들어 낸다. 이 과정에서 준비된 자에게는 엄청난 기회가 주어진다. 때때로 이 기회는 지속 가능한 성공을 보장하기도 한다.

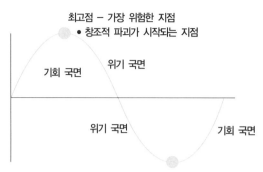

기회-위기 모형

위의 기회-위기 모형을 통해 좀 더 알아보자. 사람들은 대개 최고점을 가장 성공한 상태이면서 제일 안전한 지점이라고 생각한다. 하지만 결코 그렇지 않다. 좀 더 깊게 생각해 보면, 이 최고점이 가장 위험하다는 것을 금방 알 수 있다. 왜냐하면 이 최고점을 지나면 한동안 쭉 내리막길이 펼쳐지기 때문이다.

나폴레옹이 "성공했을 때가 가장 위험하다"라고 한 말을 우리는 반드시 기억해야 한다. 그러니 성공했을 때일수록 더욱 몸가짐을 조심해야 한다. 자만심은 지속 가능한 성공의 최대의 적이다. 자신의 몸과 마음에 자만심이 흘러 넘치는 순간 바로 위기 국면이 조성된다. 하지만 자신이 위기 국면에서 끝없는 추락을 하고 있다 하더라도 절대 좌절하지 말라. 세상도 인생도 돌고 도는 법이다. 자신을 추스러 끝임없이 갈고 닦아 다음의 기회국면을 대비해야 한다.

반면 사람들은 최저점을 가장 실패한 상태이며 제일 위험한 지점이라고 생각한다. 하지만 이것도 이치에 맞지 않다. 최저점 이후를 보라. 쭉 올라 갈 일만 남아 있다. 이 때 진정한 새로운 기회가 펼쳐지는 것이다. 하지만 이 기회도 지난 위기국면에서 자신을 끊임없이 갉고 닦지 않았다면 말짱 도루묵일 뿐이다. 기회는 준비된 자에게만 미소를 띄운다.

우리는 세상과 인생을 바라볼 때 항상 겉과 속을 동시에 볼 줄 알아야 한다. 성공의 순간 실패의 잉태가 시작되고, 실패가 오히려 성공의 발판이 될 수 있다. 위기도 어떻게 대처하느냐에 따라 이를 통해 더 큰 기회를 얻을 수 있는 것이다.

성공과 실패, 기회와 위기 모두 종이 한 장 차이일 뿐이다. 한 장 차이에 일희일비　　　하지 말고 위기가 닥쳤을 때는 묵은 과거를 과감하게 파괴하고 새롭게 자신을 창조해 나가자.

창조적 파괴를 기회로 활용한 역사적 사례

인류 역사를 뒤돌아 보면, 이러한 창조적 파괴는 비밀비재 했음을 알 수 있다. 전쟁 또는 새로운 기술이 등장하는 시기에는 예외 없이 창조적 파괴가 일어났다. 우리나라의 경우, 남북전쟁이 그랬다. 증기 기관차 발명에 의한 산업혁명, 디지털과 인터넷 기술 같은 새로운 기술이 등장하는 시기에도 역시 그랬다. 이때 기존의 묵은 체제는 역사 속으로 도태되고 전혀 새로운 체계가 자리를 잡는다. 물론 이 과도기의 틈새시간에는 엄청난 기회가 숨어 있다.

창조적 파괴를 기회로 활용한 시점

삼성, 현대, LG 등: 남북 전쟁 직후

아마존, 이베이, 구글, 네이버, 다음 등: 인터넷 기술 발명 직후

주식 부자: 아시안 외환 위기, 글로벌 금융 위기 직후

예를 들면, 삼성, 현대, LG 같은 대기업의 대부분이 남북 전쟁 직후에 나왔다. 전쟁의 잿더미로부터 나라를 재건하는 과정에서 남들보다 한발 빠르게 사업에 투신한 사람들은 위기 속에서 기회를 포착해 선발자 이익를 톡톡히 봤다.

그렇다면 지금 삼성, 현대, LG 같은 대기업을 만든다면 가능할까? 불가능한 것은 아니지만 매우 어려울 것이다. 실제로 남북전쟁 직후에 설립한 삼성, 현대, LG 같은 대기업을 제외하곤 새롭게 대기업 대열에 합류한 기업으로는 웅진이 유일하다고 한다. 모든 일에는 때가 있는 법이다.

인터넷 기술이 발명되었을 때도 마찬가지였다. 아마존, 이베이, 구글의 경우가 모두 그러하다. 네이버나 다음도 인터넷 기술의 활황이라는 새로운 기회를 남들보다 한발 앞서 포착해 성공한 대표적인 경우다. 우리에겐 뼈아픈 과거이지만 아시아 외환 위기는 세계 거대 자본가, 헤지 펀드에겐 엄청난 기회였다. 실제로 이 때에 우리나라의 수많은 유망한 기업들이 외국 자본에 의해 잠식되거나 적대적 합병에 의해서 팔려 나갔다.

주식을 예로 들어보자. 주식에 일가견이 있는 사람이라면 예외 없이 폭락장을 기다린다. 왜냐하면 폭락장은 현재 주식을 보유하고 있는 사람에게는 위기인 반면 새롭게 주식을 구입하려는 사람에겐 우량주를 헐값에 사들일 수 있는 절호의 기회이기 때문이다. 우량주는 언젠가는 다시 오르기 마련이다.

우리가 익히 잘 알고 있는 세계적인 투자가인 워렌 버펏은 폭락장때 헐값에 우량주를 대량 매수해 장기적으로 보유하는 가치 투자로 세계 최고의 부자가 되었다.

완전히 새로운 기회가 오고 있다

그렇다면 새로운 기회는 언제 어떻게 그 모습을 드러낼까? 이를 알 수만 있다면 준비된 사람들에게는 가뭄에 단비를 만난 격일 것이다. 앞에서 이야기 했듯이 창조적 파괴 속에는 언제나 기회가 존재한다. 따라서 우리 주변에서 일어나고 있는 파괴의 현상을 먼저 천천히 살펴보자.

첫째, 정치적 측면을 살펴보자. 저명한 경제학자와 미래 학자는 이구동성으로 힘이 아시아로 이동하고 있다고 말한다. 2025년쯤 되면 정치, 경제, 사회 등 거의 전 분야에서 아시아가 주도권을 행사할 것으로 예측한다. 요즘 중국어와 인도식 영어가 더욱더 각광 받고 있는 이유일 것이다. 또한 G20의 다국적 집단 지도 체제에서 G2의 패권 체제로 넘어가면서 미국과 중국의 갈등이 증폭되고 있다. 이러한 싸움의 중심에 북한이라는 변수가 심상치 않게 요동치고 있다.

둘째, 종교적 측면을 살펴보자. 종교는 인류 문화 발전에 지대한 영향을 미쳤다. 하지만 각 종교에서 주장하는 교리는 현시대의 상황과 너무 동떨어졌다. 또한 종교간 갈등은 21세기 통섭과 융합의 시대에 화합을 저해하는 걸림돌로 작용하고 있다.

셋째, 경제적 측면을 살펴보자. 1997년 아시아 외환위기, 2007년 서브프라임 모기지 사태로 촉발된 미국발 세계 금융위기는 경제 시스템 전체를 흔들었다. 세계는 지금 케인즈식 경제학으로는 어찌해 볼 수 없는 아슬아슬한 곡예를 하고 있다.

넷째, 환경적 측면을 살펴보자. 지구가 몸살을 앓고 있다. 환경 파괴는 어제 오늘의 일이 아니다. 빙하가 급속도로 사라지고 있다. 새와 물고기가 갑자기 떼죽음을 당하고 있다. 화산 폭발과 지진의 발생 횟수도 급격히 증가하고 있다. 항생제가 전혀 듣지 않는 수퍼박테리아가 출현하는 등 불가항력의 질병이 갑자기 생겨나고 있다.

다섯째, 사회문화적 측면을 살펴보자. 자본주의에 의해 세상은 엄청나게 발전 했지만 물질만능주의를 낳았고, 부의 양극화 현상을 심화시켰다. 빈곤 계층이 늘어나고 실업자가 양산되고 있다.

위에서 간략히 살펴보았듯이, 세계는 지금 다방면에서 몸살을 앓고 있다. 하지만 이러한 파괴적 현상 속에서도 새로운 창조적 기운이 용솟음 치고 있다.

첫째, 정치적 측면을 살펴보자. 1차 대전 이후 국제 연맹, 2차 대전

이후 국제 연합이라는 세계 통합 정부 기구가 생겼다. 아시안 외환 위기 및 글로벌 금융 위기, 북핵 문제 등을 통해 새로운 제 3의 초국가적 국제 정치 기구의 필요성이 제기되고 있다. EU의 탄생과 G2패권 시대는 이러한 변화의 신호탄이다.

둘째, 종교적 측면을 살펴보자. 미래 종교는 전세계의 다양한 문화, 인종, 사상을 초월하여 이를 포용 통합할 수 있어야 한다. 해는 언제나 동쪽에서 뜨는 법이다. 뉴 밀레니엄을 이끌 새로운 진리도 동쪽에서 나올 것이다.

셋째, 경제적 측면에서 살펴보자. 국가 중심의 폐쇄 경제에서 지방과 기업 중심의 오픈 경제 시스템으로 급격히 변하고 있다. 이러한 변화에 자유무역협정   가 한 몫을 하고 있다. 또한 아시아 외환 위기와 미국발 세계 금융 위기는 케인즈식 경제 이론의 한계를 극복하려는 새로운 경제 이론에 대한 연구를 촉발시키고 있다.

넷째, 환경적 측면을 살펴보자. 지구 환경의 급속한 파괴는 인류로 하여금 환경에 대해 새롭게 인식하게 만들었다. 환경을 헤치는 제품과 서비스는 설 자리를 잃어가고 있다. 친환경적인 제품과 서비스가 각광을 받고 있다.

다섯째, 사회문화적 측면을 살펴보자. 현재의 위기는 인류 모두의 문제다. 이러한 문제는 인류의 지속 가능한 발전을 위한 새로운 문화를 여는 촉매제 역할을 하고 있다. 갈등을 조장하는 상극의 문화에서 공존공

영의 상생의 문화로, 권위적 하드 파워   에서 탈권위적 소프트 파
워   로, 회사의 이익만을 추구하는 기업에서 사회적 책임을 다하
는 존경 받는 기업으로, 수직적 남성 중심의 시대에서 수평적 여성 중심
의 시대로 반전하고 있다.

· · ·
창조적 파괴의 징조

1) 정치적 측면
– 아시아로의 힘의 이동
– 다국적 집단 지도 체제

2) 종교적 측면
– 시대에 뒤쳐진 교리, 종교간 갈등

3) 경제적 측면
– 1997 아시아 외환위기, 2007년 미국발 세계 금융위기

4) 환경적 측면
– 전지구적 환경 파괴, 각종 자연 재해 빈발 및 질병 확산

5) 사회적 측면
– 부의 양극화, 빈곤 계층의 확산 및 실업자 양산

필자가 대학생 시절 경제학 원론 강의를 들을 때다. 경제학 원론 강의를 하신 교수님은 가끔 지갑 속에서 지폐 크기 만한 흰 종이를 꺼내 보여주며, 그 흰 종이가 1억짜리 양도성 예금 증서라고 은근히 자랑하곤 했다. 자신이 이런 엄청난 금액의 돈을 지갑 속에 넣고 다닐 만큼 부자라는 것이다. 어떻게 부자가 될 수 있었을까? 그 분은 아시아 외환위기라는 절망적 파괴 상황 속에서도 남들이 미처 간파하지 못한 새로운 기회를 포착해 주식에 투자해 부자가 된 것이다. 사회 물정을 잘 모르던 필자로서는 정말 부러웠다.

파괴는 쓰디쓴 아픔을 우리에게 안겨준다. 하지만 항상 깨어 있고 준비된 사람이라면 그 쓰디쓴 아픔 속에서도 새롭게 싹트고 있는 기회를 발견한다. 그리곤 그 기회를 내 것으로 만들어 지속 가능한 성공을 창조해 낸다. 그리하여 우리는 이를 창조적 파괴라고 부른다.

솔개의 창조적 파괴

솔개는 조류로는 최고인 약 70세까지 산다. 그런데 이렇게 장수하려면 약 40세가 되었을 때 매우 고통스럽고 중요한 결정을 해야 한다.

솔개는 약 40세가 되면 발톱이 노화하여 사냥감을 그다지 효과적으로 잡아챌 수 없게 된다. 부리도 길게 자라고 구부러져 가슴에 닿을 정도가 되고, 깃털이 짙고 두껍게 자라 날개가 매우 무겁게 되어 하늘로 날아오르기가 나날이 힘들게 된다.

이 즈음이 되면 솔개에게는 두 가지 선택이 있을 뿐이다. 그대로 죽을 날을 기다리든가 아니면 약 반년에 걸친 매우 고통스런 갱생 과정을 수행하는 것이다.

갱생의 길을 선택한 솔개는 먼저 산 정상부근으로 높이 날아올라 그곳에 둥지를 짓고 머물며 고통스런 수행을 시작한다. 먼저 부리로 바위를 쪼아 부리가 깨지고 빠지게 만든다. 그러면 서서히 새로운 부리가 돋아나는 것이다. 그런 후 새로 돋은 부리로 발톱을 하나하나 뽑아낸다. 그리고 새로 발톱이 돋아나면 이번에는 날개의 깃털을 하나하나 뽑아낸다.

이리하여 약 반년이 지나 새 깃털이 돋아난 솔개는 완전히 새로운 모습으로 변신하게 된다. 그리고 다시 힘차게 하늘로 날아올라 30년의 수명을 더 누리게 되는 것이다.

위에서 이야기 한 것을 간략히 정리하면 아래와 같다.

끊임없이 자신의 핵심역량을 업그레이드한다.

덕과 재주를 겸비한다.

새로운 기회를 포착한다.

평발의 단점을 극복하기 위해 남들보다
더 노력하여 핵심 역량인 축구 실력을 지속적으로 업그레이드하다.

성실하고 부지런하며 항상 팀 동료를 먼저 배려하는
바른 이미지를 심어 주다.

월드컵이라는 새로운 기회를 통해 대스타로 등극하다.

기회를 탐지했다면 다음은 이를 내 것으로 만들어 줄 치밀한 전략을 구상해야 한다.

지속 가능한 성공을 위한
우리의 두 번째 결의

비록 나에게 남다른 독보적 핵심역량이 있다손 치더라도 이를 펼칠 수 있는
기회를 잡지 못한다면 모두 허사다.

그러니 나는 오늘도 준비하고 또 준비할 것이다.
나의 핵심역량을 지속적으로 업그레이드 할 것이다.
세상 돌아가는 흐름의 끈도 절대 놓치지 않을 것이다.

물론 덕승재가 될 것이다.
또한 창조적 파괴를 통해 나를 지속적으로 혁신해 나갈 것이다.

그렇다면 언젠가 나에게도 기회가 올 것이다.

나를 알고 적을 알면 백 번 싸워도 위태롭지 않다.
최고의 전략은 진심과 신뢰다.

　　새로운 기회를 잡았다면 이제 이를 성공으로 이끌 실행계획인 전략을
수립해야 한다. 사람은 누구나 강약점이 있고 자신의 역량에 한계가 있
다. 따라서 선택과 집중을 통한 치밀한 전략 수립은 필수다.

조그마한 생각으로부터 최고의 전략이 나온다

론다 번   은 그녀의 저서 「시크릿   」에서 "사람은 생
각하는 대로 된다"라고 말했다. 즉 내가 어떤 생각을 품고 사느냐에 따
라 운명이 결정된다는 것이다. 영국의 시인 프레드릭 랭브리지
         는 이렇게 말했다. "모든 계획과 목표는 생각에서 나온다. 그리
고 당신의 생각을 장악할 수 있는 것은 오직 당신뿐이다. 지혜로운 길이
든 어리석은 길이든 모든 건 당신의 생각에서 출발한다. 그러므로 어떻
게 생각하느냐에 따라 결과는 크게 달라질 것이며, 이 결과에 책임을 저
야 하는 것도 바로 당신이다."

마찬가지로 최고의 전략도 조그마한 생각으로부터 비롯된다. 우리가
늘 보는 저 들판의 아름들이 나무도 기실 조그마한 씨앗으로부터 쭉쭉
자라서 성숙한 나무가 되어 열매를 맺는다. 이 씨앗 속에는 다 자란 후
의 성숙한 나무의 모습이 완벽하게 내재되어 있다. 그런데 나무처럼 유
형의 실체만 그런 것이 아니다. 최고의 전략도 조그마한 생각이라는 씨
앗으로부터 시작된다. 생각의 씨앗이 자라 생각의 줄기를 만들고 이 줄
기가 다시 쭉쭉 커서 생각의 열매인 최고의 전략을 맺는 것이다.

그렇다면 하찮아 보이는 조그마한 생각이 왜 이렇게 중요할까? 사람
은 대개 어떤 생각이 일어나면 말로 표현하게 된다. 말을 자꾸 하다 보
면 행동으로 옮겨 질 것이고, 비슷한 행동이 거듭되면 이는 곧 습관이
된다. 습관은 나라는 인격을 형성할 것이고, 인격이 곧 인생을 결정한다.

그래서 미국의 저명한 심리학자이며 철학자인 윌리엄 제임스는 이렇게 말했다. "생각을 조심하라. 왜냐하면 그것은 말이 되기 때문이다. 말을 조심하라. 왜냐하면 그것은 행동이 되기 때문이다. 행동을 조심하라. 왜냐하면 그것은 습관이 되기 때문이다. 습관을 조심하라. 왜냐하면 그것은 인격이 되기 때문이다. 인격을 조심하라. 왜냐하면 그것은 인생이 되기 때문이다."

그는 또한 "나의 세대가 이룩한 발견 중에서 가장 위대한 것은 습관을 바꾸는 것만으로도 자신의 인생을 바꿀 수도 있다는 것이다"라고 말했다. 조그마한 생각으로부터 비롯된 습관이 결국 자신의 인생을 결정 짓는 것이다. 그러니 조그마한 생각이라도 항상 신중해야 한다.

그렇다면 어떻게 하면 이렇게 중요한 생각을 지속적으로 올바르게 유지할 수 있을까?

세상은 크게 보이는 것과 보이지 않는 것으로 이루어져 있다. 마찬가지로 나라는 존재도 보이는 몸(육체)와 보이지 않는 마음(유체)로 이루어져 있다. 몸은 보이는 것의 가장 지극한 실체인 땅으로부터 만들어지는 음식을 섭취해야 생존할 수 있다. 또한 몸은 쉽게 지치고 노화되기 때문에 꾸준한 운동과 헬스를 통해 단련하여 하나의 몸을 여럿인 양 써 그 한계를 극복해 나가야 한다. 반면 보이지 않는 마음은 보이지 않는 것의 가장 지극한 실체인 하늘로부터 나오는 기운을 무의식 중(보이지 않게)에 받아 생명력을 유지한다. 마음은 쉽게 흩어지는 성질을 가지기 때문에 지속적으로 일관성 있게 유지할 수 있도록 일심을 갖는 것이 관건이다.

또한 몸의 때를 벗겨내는 것이 목욕이라면, 마음의 때를 벗겨내 정화시키고 단련시켜 일심을 지속적으로 유지 할 수 있게 주는 것이 바로 수행이요 명상이다. 사람들은 대게 그 보이는 실체로 말미암아 음식, 운동, 헬스, 목욕 등을 통해 자신의 몸을 정화, 단련시켜야 한다는 것은 너무도 잘 알고 있다. 그러나 그 보이지 않는 특성으로 말미암아 마음을 정화시키고 단련시켜 일심을 지속적으로 유지시켜야 한다는 것은 너무도 쉽게 간과된다. 따라서 몸은 운동과 헬스를 통해 마음은 명상과 수행을 통해 함께 정화하고 단련시켜 생각을 올바르고 지속적으로 유지시켜 나가야 한다.

자 이제부터 몸과 마음을 함께 꾸준히 정화하고 단련시키자. 그리하면 조그마한 생각의 씨앗으로부터 멋진 전략이 불현듯 샘 쏟을 것이다.

먼저 자신의 강약점을,
다음으로 외부의 기회와 위협 요소를 파악하자

고전적 전략의 대가인 손자의 말처럼 전략적 사고에 의한 무결점의 전략 수립은 먼저 나를 알고 적를 치밀히 파악하는 것으로부터 시작된다. 나는 어떤 강점과 어떤 약점을 가지고 있는지, 외부에는 어떤 이용 가능한 기회 요인이 있는지, 또한 어떤 피해야 할 위협 요소가 있는지를 주의 깊게 살펴야 한다. 이를 스탠퍼드 대학에서 개발한 경영 이론인 SWOT 분석이라고 한다.

그런데 여기서 우리가 유의해야 할 점이 있다. 과연 나의 강약점을 제대로 파악할 수 있는가 하는 문제다. 대개 사람들은 타인의 강약점은 잘 아는 반면 자신의 강약점에 대해서는 제대로 인지를 못한다. 자기계발서에서 제시하는 인생 성공 전략을 개개인에게 적용이 어려운 것도 자신의 강약점에 맞는 처방이 아니기 때문이다.

그러므로 전략을 수립할 때 맨 먼저 해야 할 것은 자신의 강약점을 제대로 파악하는 것이다. 외부의 기회와 위협 요소에 대한 파악은 그 다음이다. 그렇다면 어떻게 하면 이를 제대로 파악할 수 있을까? 절대 어렵지 않다. 몇 가지 방법이 있는데, 그 방법은 아래와 같다.

● ● ●

자신의 강약점을 파악하는 방법

1. 롤 모델Role Model이 될 멘토나 진정한 친구를 둔다.
2. 적극적이고 능동적으로 조언을 구한다.
3. 남의 말을 주의 깊게 경청한다.
4. 명상과 수행을 통해 항상 자신을 되돌아 본다.

첫째, 롤 모델Role Model이 될 멘토나 진정한 친구를 둔다.

이해 관계로 만난 사람들은 립 서비스Lip Service로 자신의 원래 모습을 객관적으로 볼 수 없게 한다. 하지만 이와 달리 멘토나 친구는 사심 없이 조언을 해 준다. 예를 들면, 중국에서 최고의 성군으로 꼽히는 당 태종의 업적은 직언을 아끼지 않았던 위징이라는 명재상이 없었다면 불가능했다. 위징의 보필로 당 태종은 중국 역사상 최고의 성군이 되었다. 훗날 당 태종은 위징이 죽었을 때 자신의 거울을 잃었다고 술회했다. 롤모델이 될 멘토나 진정한 친구를 둠은 곧 자신을 비추는 깨끗한 거울을 두는 셈이다.

둘째, 적극적이고 능동적으로 조언을 구한다. 타인의 눈에 내가 어떻게 비치는지를, 나의 장단점이 무엇인지를. 옛 성현은 "아랫사람에게 묻는 것을 부끄럽게 여기지 않는다   "라고 했다. "철 들자 죽는다"는 말도 있다. 사람이란 철들기 쉽지 않은지도 모른다. 자신은 철들었다고 생각하는데 타인의 눈에는 전혀 그렇지 않은 경우가 허다하다. 그러므로 우리는 철들기 위해서라도 남에게 묻기를 게을리 하지 말아야 한다. 모두 자신을 위한 일이다.

셋째, 남의 말을 주의 깊게 경청한다. 사람들은 대게 남의 비위를 거슬리지 않기 위해 말을 돌려 하거나 은연중에 당사자의 결점이나 자신의 불만을 표출하는 경우가 있다. 즉, '말 속의 뼈(言中有骨)'를 놓치지 말아야 한다. 그러려면 남의 말을 주의 깊게 경청하는 법을 배워야 한다. 충언은 원래 쓴 법이다. 자신을 위해서라도 이를 놓치지 말고 깊이 생각하여 고치기를 게을리 하지 말아야 한다.

넷째, 명상과 수행을 통해 항상 자신을 되돌아 본다. 일본 전국시대 오다 노부나가는 매일 새벽 4시에 일어나 말을 타고 왕복 40리를 달렸다고 한다. 말을 타고 달리면서 가는 길에는 전략을 짜고 돌아오는 길에는 결단을 내렸다고 한다. 말을 타고 달리면서 생각을 정리하는 것이 바로 오다 노부나가에게는 자신만의 특별한 명상법인 셈이었다. 우리가 명상이라고 해서 꼭 앉아서 수행하는 것만 다인 것은 아니다. 자신만의 방법으로 자신을 되도록 볼 수 있는 방법이라면 모두 명상의 한 방법이다.

위 방법 중에서 몇 가지 만이라도 실천해 보자. 분명 효과가 있을 것이다. 자신의 단점을 안다는 것 어쩌면 괴롭고 인정하기 싫은 일이다. 하지만 이 속에서 실패와 성공을 가르는 전략이 나온다.

자신이 몸 담고자 하는 분야의 경쟁 상황을 파악하자

자신의 강약점, 외부의 기회와 위협 요인을 모두 분석했다면 다음은 자신이 몸 담고자 하는 분야에 대한 전반적인 경쟁 상황을 파악해야 한다. 이를 바탕으로 자신의 핵심역량을 집중시켜 지속 가능한 경쟁우위를 창출해 나갈 필요가 있다.

세계 최고 전략경영의 대가인 하버드대학교 마이클 포터 교수는 특정 산업의 경쟁 구도를 다섯 가지 힘으로 파악했다. 이를 5 세력 모형 이라고 한다. 산업 내 경쟁의 정도는 어떤지, 신규 진입이 쉬운지 어려운지, 그 산업에 대한 공급자와 소비자의 힘은 어느 정도인지, 대체재의 위협은 있는지 없는지를 파악함으로써 해당 산업에서의 자사의 경쟁우위 정도를 가늠해 볼 수 있다.

아래 그림의 5가지 힘(산업내 경쟁, 신규진입자, 대체제 위협, 급자 교섭력, 소비사 교섭력)에 의해서 그 산업의 경쟁력이 결정된다는 이론.

신규
진입자

공급자   소비자
교섭력   교섭력

대체재
위협

이 비즈니스 개념은 개인의 전문 분야에도 그대로 적용 가능하다. 왜냐하면 이제는 개인도 하나의 독립적인 브랜드인 브랜드유Brand如 의 세상이 도래하고 있기 때문이다. 이러한 비즈니스 경영 기법을 익혀 적절히 활용한다면 1인 1기업가Me, Inc.로 성공하는 지름길이 될 것이다.

또한 직장도 하나의 작은 비즈니스 단위로 간주될 수 있기 때문에 이 모델은 직장 내의 경쟁 구도를 파악하는데도 유용하게 사용 될 수 있다.

직장 내 5가지 힘의 역학 구조

직장 생활을 하는 사람이라면 위의 그림과 같은 다섯 가지 힘의 역학 구조를 항상 느낄 것이다. 자신이 주도적인 역할을 수행해 직장생활을 좀 더 활기차고 의욕적으로 하려면 이러한 다섯 가지 힘의 역학 구조를 잘 파악해야 한다.

회사의 브랜드처럼 개인(You)이 하나의 독립된 브랜드가 되는 것

신규 인력, 외주 혹은 대체 인력, 부하, 상사, 동료간 경쟁 구도를 면밀히 파악해야 한다. 이를 바탕으로 자신이 좋아하고 잘 할 수 있는 분야, 즉 자신의 핵심역량을 집중할 분야에 전략적으로 포지셔닝을 해야 한다. 이렇게 한다면 직장 내에서 불필요한 경쟁을 피하면서 자신의 입지를 확고히 구축해 나 갈 수 있다.

좀 더 구체적으로 네 가지 경쟁우위 전략을 통해 자신의 입지를 확고히 할 수 있다. 급여를 낮게 하여 독립 계약자로서 다양한 일을 한다든지(저가 전략), 남과 다른 특별한 차별적인 능력을 갖춘다든지(차별화 전략), 특정 분야에서 자신만이 할 수 있는 일에 집중한다든지(집중화 전략) 아니면 자신을 혁신하는 방법(혁신 전략)이 그것이다.

다만 우리가 한 가지 유의해야 할 것이 있다. 모든 것을 경쟁 구도로 파악하고 이를 통해 전략을 수립 시행하는 것이 과연 지속 가능한 성공

을 보장할 수 있는가 하는 문제다.

　세상은 점점 좁아지고 있고 하나의 시스템으로 연결되고 있다. 너의 운명이 곧 나의 운명이 되고 있다. 그러니 경쟁을 통해서는 단기적인 성과를 창출 할 수 있을지는 모르지만 이해관계자의 협력을 이끌어 내지 못해 장기적이고 지속 가능한 성과를 이루기 어렵다.

　소비자들은 자사의 이익만을 추구하는 기업을 탐탁지 않게 생각한다. 기업이 사회적 책임을 다 했을 때, 즉 지역 사회, 소비자 등 다양한 이해관계자의 이익을 동시에 고려했을 때 지속 가능한 성장을 이루 수 있다. 개인도 마찬가지다.

　그러므로 지속 가능한 성공을 이루기 위해서는 경쟁우위를 뛰어넘는 상생우위 전략이 절실해진다.

　경쟁우위에 상반된 개념. 시너지를 발휘 할 수 있는 협력 네트워크나 역량을 얼마나 많이 가지느냐에 따라 우위가 결정됨을 뜻함(저자 창작 신조어).

먼저 너 자신을 알라

늘 창문 앞에서 앞집 여자가 게으르다고 흉을 보는 한 부인이 있었다.

"저 여자가 널어놓은 빨래에는 항상 얼룩이 남아 있어. 어떻게 빨래 하나도 제대로 못할까?"

그러던 어느날, 깔끔하기로 소문난 친구가 부인의 집에 방문했다. 친구는 집 안으로 들어오자마자 얼굴을 찌푸리며 창문 가까이 다가갔다. 그리고는 못마 땅한 듯 걸레를 들고 창문을 닦기 시작했다.

"봐, 이렇게 닦으니 얼마나 깨끗하고 좋아? 창이 더러우면창 밖이 전부 지저 분해 보인다고."

차별적 인생 블루오션 전략

블루오션   전략은 세계 탑 비즈니스 스쿨인 프랑스 유럽경영 대학원 인시아드   의 김위찬 교수와 르네 모보르뉴   교수가 가치혁신 이론과 함께 제창한 기업 경영전략 이론이다. 현 시대의 기업의 상황을 치열한 경쟁으로 인해 붉은 피로 물든 레드오 션   으로 진단하고, 경쟁이 전혀 없는 비고객을 대상으로 유혈 경 쟁 없이 새로운 시장을 보다 쉽게 창출 할 수 있는 블루오션 전략을 수 립 시행하면 지속 가능한 경쟁우위를 확보할 수 있다는 이론이다.

그러므로 기업은 기존의 시장을 장악하고 있는 타기업과의 치열한 경쟁을 통해 자신의 영역을 확보하려 애쓰기 보다는 차별화나 저비용을 통해 혁신적인 제품이나 서비스를 출시하여 경쟁이 없는 블루오션을 항해하는 것이 바람직하다.

• • • •

블루오션 전략Blue Ocean Strategy

차별화와 저비용을 통해 경쟁이 없는 새로운 시장을 창출하려는 경영전략

예) 기업의 경우
- 김치 냉장고 딤채, 난타 공연, 저가항공사 사우스웨스트
- 히든 챔피온 등

개인의 경우
- 자기 계발 전문가 공병호 박사 등

이러한 블루오션 전략의 대표적인 사례로는 김치 냉장고 딤채, 저가 항공의 대명사 사우스웨스트, 기존 공연과 전혀 다른 장르를 만들어 낸 난타 공연 등이 있다.

런던 비즈니스 스쿨의 헤르만 지몬 교수는 그의 저서 「히든 챔피온」에서 대중에게 잘 알려져 있지 않지만 각 분야에서 세계시장 점유율 1~3위를 하는 강소기업을 히든 챔피온   이라고 했다. 이 히든 챔피온의 경우도 블루오션 전략의 대표적인 예라고 볼 수 있다.

기업의 경우와 마찬가지로 개인들도 사회와 직장에서 수많은 경쟁에

부딪히면서 살아 가고 있다. 어느 연구 결과에 의하면 대부분의 경력사원들이 기존사원들의 높은 텃새   로 새로운 직장에서 적응을 잘 하지 못한다고 한다. 왜 그럴까? 이는 기존사원이 자신의 자리를 지키기 위해 새로 들어온 경력사원을 경계하면서 텃새 싸움을 하기 때문일 것이다.

그렇다면 기존사원과의 불필요한 경쟁을 피하면서 새로운 직장에서 자신의 입지를 어떻게 하면 구축할 수 있을까? 자기계발 전문가이며 1인 1기업인인 공병호 박사의 경우처럼 전혀 새로운 영역에서 자신의 블루오션을 구축한다면 의외로 간단해진다. 공병호 박사는 개인의 블루오션을 성공적으로 구축한 대표적인 1인 1기업가이다.

자신만의 인생 블루오션 전략을 수립시행하기 위해 자신이 현 상황에서 새롭게 창조해야 할 요소, 제거해야 할 요소, 감소시키거나 증가시켜야 할 요소를 정리해 꾸준히 실행에 옮긴다면 인생이라는 푸른 바다로의 항해는 당신의 몫이 될 것이다.

감소

● 표준 이하로 내려야 할 요소는?
● 경쟁에 몰입돼 과하게 제공되는
　요소는 없는가?

제거　　➡　　새로운　　⬅　　창조
　　　　　　　인생
　　　　　　가치곡선

● 당연한 것으로 받아 들이는 요소들
　가운데 제거해야 할 요소는?
● 나의 가치와 무관하게 일방적으로
　행해지는 요소는 있는가?

● 한번도 시행치 않은 것으로 창조
　돼야 할 요소는?
● 나를 위해서 완전히 새로운 가치
　의 원천을 제공할 수 있는 요소
　는 있는가?

증가

● 표준 이상으로 올려야 할 요소는?
● 나의 가치를 높이기 위해서 더 늘려야
　할 요소는 있는가?

인생 다각화를 통한 영역 확장 및 성과 극대화

　자신의 인생 SWOT를 분석하고, 몸담고자 하는 직장 혹은 분야에서의 힘의 역학관계를 파악한 후 인생 블루오션 전략을 수립 꾸준히 실행한다면 언젠가는 자신의 분야에서 독보적 핵심역량을 갖춘 전문가로 우뚝 설 것이다.

　다만 여기서 만족하지 말아야 한다. 멈추는 순간 도태된다. 핵심역량을 기반으로 한 인생 다각화를 통해 자신의 영역을 확장해 성과를 극대화 해야 한다.

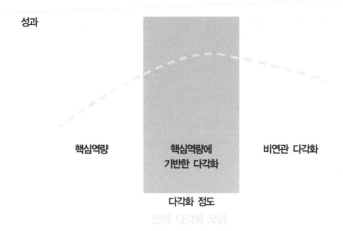

성과

핵심역량　핵심역량에 기반한 다각화　비연관 다각화

다각화 정도

물론 인생 다각화는 핵심역량에 기반하여 시행해야 한다. 그래야 성과를 최대치로 끌어 올릴 수 있다. 무분별하게 사업을 확대하거나 일을 추진한다면 큰 낭패를 볼 수도 있다. 쓸데없는 일을 무턱대고 벌이면 기대했던 성과는 커녕 오히려 패가망신할 수 있다. 그칠 때 그칠 줄 아는 것도 중요한 인생 전략이다.

지속 가능한 성공 전략

브랜드유는 세계 최고 경영 구루인 톰 피터스가 그의 저서에서 사용한 용어다. 개인도 기업처럼 하나의 독자적 브랜드인 브랜드유의 세상이 도래하고 있다는 것이다. 물론 개인이 하나의 독자적 브랜드가 되려면 반드시 남다른 차별적 핵심역량이 있어야 한다. 이를 통해 경쟁우위를 확보해야 한다. 하지만 경쟁우위는 더 강한 경쟁우위를 가진 자에 의해 언젠가는 바뀌기 마련이다. 그러니 지속되기 힘들다.

그렇다면 어떻게 해야 지속 가능할 수 있을까?

그것은 브랜드유를 넘어 러브 아이콘인 러브유   *로 거듭날 때 가능하다. 사랑만이 온전히 모두가 행복한 세상, 함께 성공하는 세상을 열어 갈 수 있다. 그 속에 가치 있는 삶이 있고, 지속 가능성이 있다.

. . .

거북이와 토끼의 3차 대결

첫 번째 경기에 진 토끼가 뼈아픈 실수를 교훈 삼아 두 번째 재대결에서는 이겼다. 기분이 상한 거북이가 얼마 후 다시 3차 대결을 제안했다. 3차 대결에서는 누가 이겼을까?

정답은 "거북이".

거북이는 어떻게 이길 수 있었을까요?

대결 종목은 수영이었다.

회사가 브랜드를 넘어 러브마크LoveMark가 되어야 지속 가능한 성장을 할 수 있듯이, 개인도 브랜드유를 넘어 하나의 독립된 러브유가 되어야 지속 가능한 성공을 할 수 있음.

자신에게 맞는 전략은 따로 있다

동서고금을 막론하고 전략의 대가라고 하면 제갈공명을 꼽지 않을 수 없다. 그는 전무후무한 전략으로 중국을 삼분하였고 죽는 날까지 충의를 지켜 후세에 많은 영향을 끼친 인물이다. 제갈공명이 구사한 유명한 전략 중에 36계 중 32번째 계략인 공성계 라는 것이 있다. 이는 빈 성으로 적을 유인해 혼란에 빠뜨리는 계책을 말한다. 그 내용은 다음과 같다.

위 나라 군대를 공격하기 위해 휘하 장수들 모두를 다른 곳으로 보내 제갈공명이 주둔하고 있는 성에는 병들고 약한 일부의 병사들만 남아 있었다. 이 때 위의 사마의가 15만 명의 대군을 이끌고 성으로 쳐들어왔다. 이 소식을 들은 제갈공명은 성문을 활짝 열어둔 채 자신은 성 밖에서 제일 눈에 잘 띄는 적루의 난간에 기대앉아 웃음 띤 얼굴로 한가롭게 거문고를 뜯었다. 대군이 몰려와도 한가히 거문고를 뜯고 있는 제갈공명을 본 사마의는 분명히 무슨 계략을 꾸미고 있다고 생각하여 두려움에 그만 도망 쳐 버리고 말았다.

이 이야기는 제갈공명의 탁월한 전략적 우위와 그의 대담함을 짐작케 한다. 그런데 만일 다른 사람이 이 전략을 그대로 썼다면 어떻게 되었을까? 그 결과는 뻔하다. 왜냐하면 제갈공명은 자타가 공인하는 전무후무한 전략가라는 명성을 가진 반면 대개 다른 사람은 그렇지 못하기 때문이다. 당연히 먹히지 않는다. 아무리 뛰어난 전략이라도 그것을 사용하는 사람에 따라 결과는 판이하게 달라진다. 그러니 남이 쓴다고 무턱대고 사용했다간 큰 낭패를 볼 수 있다.

자신의 강약점에 맞는 전략은 따로 있기 마련이다. 그렇기 때문에 자신에게 맞는 전략을 개발해야 한다.

때로는 기다림도 전략이다

문왕과 무왕을 도와 상나라 주왕을 멸망시키고 주나라를 건국했으며 제나라의 시조가 된 강태공은 10년 동안 낚시만 한 것으로 유명하다. 그는 위수에서 나이 80세가 되도록 10년 동안 낚시만 했다고 전한다. 10년 동안 낚시를 했지만 낚시 바늘이 곧아 물고기는 한 마리도 잡지 못했다. 집안을 돌보지 않아 결국 그의 아내는 집을 나가버렸다.

그럼 그는 왜 10년 동안 고기 한 마리 잡지 못하면서 낚시를 하는 척했을까? 그는 대업을 함께 이룰 사람을 만나기 위해 10년이라는 긴 세월을 참고 인내하며 때를 기다린 것이다. 결국 위수에서 자신의 인물됨을 알아 본 문왕을 만나 천하를 평정해 주나라를 건국하는 일등 공신이 된다. 그의 사상은 육도삼략 이라는 책에 고스란히 녹아 있다. 그를 태공망 이라는 별칭으로 불렀는데 이는 주나라 무왕의 아버지인 태공 이 바랬던 인물이었기에 그렇게 불렀다고 전해진다. 그래서 한가히 낚시하는 사람을 강태공이라고 한다.

기다림에 강태공 버금가는 이가 있으니 그가 바로 중이 다. 중이는 진나라의 공자로 태어났지만 왕위에 오르지 못하고 쫓겨나 19년이나 객지에서 망명생활을 했다. 중이는 19년의 망명생활 동안 수많은 굴욕과 수모를 당했다. 그러나 그는 절대 좌절하지 않고 끊임없이 자신을 담금질해 세상과 사람을 보는 안목을 길렀고 언젠가는 귀국하여 고국의 정치를 쇄신하겠다는 큰 꿈을 가슴에 품고 살았다. 결국 우여곡절 끝에 그의 나이 62세가 되었을 때 왕위에 오를 수 있었다. 기다림과 인고의 결실을 맺은 것이다.

하지만 무턱대고 기다리면 안 된다. 아까운 시간만 허비하고 만다. 기다림에도 전략이 필요하다.

첫째, 먼저 지금 기다려야 할지 말지를 결정해야 한다. 이러한 결정에는 깊은 통찰력이 필요하다. 섣불리 움직였다가 낭패를 당할 수도 있고, 마냥 기다리기만 한다면 시간만 허비할 수도 있다. 그러니 깊은 통찰력을 바탕으로 기다릴지 움직일지를 결정해야 한다.

둘째, 만일 기다려야 한다면 끈질긴 인내력이 필요하다. 그런데 마냥 기다리기만 하면 안 된다. 강태공은 절대로 낚시만 하지 않았다. 낚시는 핑계일 뿐이다. 책을 벗삼아 자신을 갈고 닦고 또 닦았다. 깊은 통찰력은 하루 아침에 그냥 생기는 것이 아니다. 자신을 끊임없이 연마할 때 가능하다.

역경에는 이런 말이 있다. "군자는 그릇을 갖추고, 때가 오기를 기다린다." 강태공이나 중이의 예처럼 큰 기회에는 긴 기다림의 인고가 필요한 법이다.

신뢰와 진심을 바탕으로 한 열정이 최고의 전략이다

발명왕 에디슨도 수 천 번의 실패를 딛고 일어나 하나의 멋진 발명품을 만들어 냈다. 홈런왕 베이비 루스도 마찬가지다. 그는 사실 최고의 홈런왕 이전에 최악의 삼진아웃을 당한 타자였다.

미켈란젤로가 시스티나 성당의 천장벽화를 그릴 때의 일이다. 미켈란젤로가 하루는 천장의 아주 후미진 구석에 사다리를 대고 세세한 부분까지 그림을 그리고 있었다. 이를 본 친구가 "누가 알아준다고 자네 그렇게 구석구석까지 열심히 그리고 있나?"라고 물었다. 이에 미켈란젤로는 이렇게 대답했다. "다른 사람은 모를지라도 나는 안다."

발명왕 에디슨, 홈런왕 베이비 루스, 위대한 화가 미켈란젤로는 단지 그들의 뛰어난 재주가 아니라 뜨거운 열정이 있었기에 가능했다. 열정만 있다면 안 되는 일이 없다.

그런데 이 열정은 자신의 가슴을 두근거리게 하는 비전, 즉 꿈에서 비롯된다. 자신을 최고로 만들 원동력인 열정은 꿈에서 비롯되므로 "나는 무엇을 위해 어떻게 살아야 할 것인가"라는 삶의 근원적인 물음으로 되돌아 가야 한다. 왜냐하면 성공이니 행복이니 하는 것은 그 첫 단추인 꿈에서 대부분 결정되기 때문이다.

하지만 이러한 열정도 신뢰와 진심을 바탕으로 했을 때 더욱 빛을 발한다. 제갈공명이라는 인물이 결점이 없는 것은 아니지만 오늘날과 같이 신으로 대접 받는 이면에는 유비를 끝까지 배신을 하지 않고 촉나라와

주군을 섬긴 그의 진정성, 진심과 충의 때문이다. 강태공이 추앙 받는 이유도 세상을 이롭게 하고자 한 그의 진심 때문이다.

우리나라의 존경 받는 기업가인 전 현대 명예회장인 고 정주영씨도 "자본보다도 신용이다. 신뢰가 전부다"라고 말했다. 고 정주영 현대 명예회장은 이익은 고사하고 엄청난 빚더미에 앉을 수 있음에도 불구하고 고객과의 약속을 지키기 위해 손해를 마다 하지 않고 일을 했다. 그만큼 그는 신용과 신뢰를 전부로 여긴 것이다.

유능한 판매원은 고객에게 제품을 먼저 내보이지 않는다고 한다. 제품을 팔기 전에 고객과의 신뢰를 우선 쌓는다고 한다. 그런데 대부분의 신참 영업사원은 제품을 먼저 보여주고 가격을 제시하면서 구입을 강요하곤 한다. 이런 식으로 영업을 하면 실적은 명약관화 하지 않겠는가? 사주 관상학에도 이런 이야기가 있다. 사주는 관상만 못하고, 관상은 심상만 못하다. 심상은 의지만 못하다. 얄팍한 잔머리로 단기 성과는 만들어 낼 수 있을지언정 장기적으로 지속 가능한 성과는 어렵다.

그러므로 신뢰와 진심을 바탕으로 한 뜨거운 열정! 이것이 바로 브랜드유를 넘어 러브유로의 지속 가능한 성공을 보장하는 최고의 전략이다.

이것은 무엇일까요?

비용이 들지 않지만 많은 것을 준다.
주는 이가 가난하게 되지 않으면서도,
받는 이를 풍요롭게 한다.

잠깐이지만 그에 대한 기억은 때로 영원하다.

아무리 부자라도 이것이 필요 없는 사람은 없고,
아무리 가난해도 이걸 못할 만큼 가난한 사람은 없다.

가정엔 행복을 더하고,
사업엔 촉진제가 되고,
친구 간엔 우정을 돈독하게 만든다.

피곤한 자에겐 휴식이 되고,
좌절한 자에겐 용기를 주며,
슬퍼하는 자에겐 위로가,
번민하는 자에겐 자연의 해독제가 된다.

돈을 주고 살 수도 없으며, 빌릴 수도 없고 훔칠 수도 없다.

이것은 바로 미소다.

립비. S. R 허시

위에서 이야기 한 것을 간략히 정리하면 아래와 같다.

전략적 사고를 바탕으로 기회 활용 전략을 구상한다.
(Strategic Thinking)

자신의 강약점, 외부 환경의 기회와 위협요소를 분석한다.
(SWOT 분석)

자신이 개척하고자 하는 분야의 경쟁 상황을 파악한다.
(5 Forces Model 분석)

자신만의 인생 블루오션 전략을 수립 및 시행한다.
(Blue Ocean 전략)

인생 다각화를 통한 영역 확장 및 성과를 극대화한다.

신뢰와 진심을 바탕으로 한 뜨거운 열정으로 무장해
지속 가능한 성공을 꿈꾼다.

독서로 자신을 갈고 닦으면서 천하 대세를 살피다.

자신과 주변의 상황을 주도면밀히 파악해
삼고초려의 미끼를 던지다.

주변의 경쟁 상황을 파악해 자신의 역량을 최고로
발휘할 수 있는 유비를 선택하다.

천하 삼분의 계략을 수립 시행하다.

천하 삼분을 천하 통일의 기반으로 삼다.

충의의 정신으로 무장해 지속 가능한
성공을 이루다.

전략이 완벽히 수립되었다면 다음은 나를 최고로 만들어 줄 핵심가치
인 열정을 어떻게 불어 넣을지 고민해야 한다.

지속 가능한 성공을 위한
우리의 세 번째 결의

—

치밀하게 전략적으로 접근할 때 비로소 기회를 놓치지 않고 내 것으로 만들 수 있다.

전략적 사고 능력은 곧 통찰력이다. 통찰력은 그냥 생기는 것이 아니다. 통찰력을 기르기 위해 몸과 마음을 꾸준히 정화 단련하고, 더불어 명상과 독서를 게을리하지 않을 것이다.

나를 알고 적을 알면 백전불패다.
나를 제대로 알기 위해 언제나 낮은 자세로 경청하고 누구에게라도 조언을 구하는 것을 마다하지 않을 것이다. 나를 둘러싼 외부 환경의 변화에도 항상 능동적으로 깨어 있을 것이다.

내가 몸담고자 하는 분야의 경쟁상황을 파악해 나만의 차별적 인생 블루오션 전략을 수립 시행할 것이다.

이를 바탕으로 나의 영역을 꾸준히 확장해 성과를 극대화 할 것이다.
물론 무분별하게 일을 벌이지는 않을 것이다. 가능한 역량의 테두리 내에서 최선을 다할 것이다.

무엇보다 잔머리는 절대 쓰지 않을 것이다. 사악해지는 순간 망하는 법이다.
신뢰와 진심을 바탕으로 한 뜨거운 열정으로 무장해 지속 가능한 성공을 꿈꿀 것이다.

제4단계: 열정 – 핵심가치로 가슴 설레게 하라

이 세상에서 이제까지 열정 없이 위대한 것이 달성된 예는 하나도 없다. 헤겔

열정은 자신이 할 수 없었던 일도 할 수 있게 해준다. 자신의 한계를 뛰어넘어 하고자 하는 바를 성취시켜 주는 마력을 가지고 있다. 기회를 성공으로 이끌 전략을 치밀히 수립했다면 이제 자신이 몸담고 싶은 분야에 쉼 없이 활활 타오르는 열정을 쏟아 부어 그 분야에서 최고가 되어야한다.

열정은 글로벌 인재의 핵심가치!

우리 시대에 가장 뛰어난 리더이자 CEO였던 경영의 전설 잭웰치 전 GE 회장은 리더로서 갖추어야 할 덕목으로 기본적인 품성과 재주 외에 '1P + 4E'를 강조했다. 이를 통해 글로벌 인재를 적극 육성하여GE는 미국 CEO의 인재 사관학교가 되었다. 잭웰치는 40대의 젊은 나이로 망해가던 GE의 CEO가 된 이후 GE를 20년 동안 부동의 1위로 만들었다. 이러한 성취를 가능케 하는 데에 한 몫을 한 것이 바로 잭웰치의 '1P + 4E' 리더십 모델이었다.

1P + 4E에서 1P 는 Passion열정이며, 4E는 Energy에너지, Energize 조직에 활력을 불어넣는 능력, Edge단호함, Execute추진력를 의미한다.

즉 리더는 첫째, 항상 활기차고 긍정적이며 적극적인 에너지가 흘러넘쳐야 한다. 둘째, 자신뿐만 아니라 조직에는 활력을 조직원에게는 업무에 대한 강렬한 동기를 부여할 수 있는 능력을 갖춰야 한다. 셋째, 명석하고 예리한 통찰력과 판단력을 바탕으로 한 단호한 결단력이 있어야 한다. 넷째, 어떠한 난관과 반대도 극복할 수 있는 강한 추진력을 갖춰야 한다. 마지막으로, 매사에 쉼 없이 활활 타오르는 열정으로 임해야 한다.

'1P + 4E' 리더십 모델

◆ 1P • Passion: 매사에 쉼 없이 활활 타오르는 열정
◆ 4E • Energy: 긍정적이며 적극적인 에너지
        • Energize: 조직과 조직원에 강렬한 활력과 동기부여 능력
        • Edge: 예리한 통찰력과 판단력에 근거한 결단력
        • Execute: 난관과 반대도 극복할 수 있는 강한 추진력

잭웰치가 제시한 이러한 리더의 조건을 한마디로 압축하면 열정이다. 왜냐하면 열정이 없으면 다른 네 가지 조건인 4E도 제 구실을 못할 뿐만 아니라 의미가 없어지는 반면, 열정을 쏟을 수만 있다면 이에 따라 4E는 자연스럽게 생기기 때문이다.

"이 세상에서 이제까지 열정 없이 위대한 것이 달성된 예는 하나도 없다"고 한 헤겔의 말처럼 열정이 없다면 개인의 발전은 고사하고 조직도 발전시킬 수 없다. 그러므로 글로벌 인재의 핵심가치는 바로 열정이다.

열정은 실패와 시련으로부터 나온다

그렇다면 열정은 과연 어디서 나오는 것일까? 열정적인 삶을 살지 않고 성공한다는 것은 언어도단이다. 간혹 성공하더라도 장기적으로 지속될 수 없다.

성공한 사람들을 살펴보면 대개 젊은 시절 크나큰 시련이나 실패를 경험한 경우가 많다. 우리가 익히 잘 아는 IT 기술 혁명의 아이콘 스티브 잡스가 그랬고, 세계적인 만화가 스콧 애덤스가 그랬다. 세계 최고의 화장품 회사를 만든 에스테 로더가 그랬고, 세계적인 베스트 셀러인 해리포터를 쓴 조앤 K. 롤링이 그랬다. 에디슨이 그랬고, 아인슈타인이 그랬다. 모두 젊은 시절의 실패와 고난이 오히려 자신을 지속적으로 채찍질하여 더 큰 인물로 성장케 한 밑거름, 열정의 씨앗이 된 것이다.

흥미로운 사실이 하나 있다. 인체에서 근육은 강한 자극인 운동에 근육이 저항하면서 근섬유에 상처가 생기고 이 상처를 치유하는 과정에서 만들어진다. 우리 삶도 마찬가지다. 고난에 대해 어떻게 생각하고 반응하느냐에 따라 성공이 결정된다. 작용하는 힘에 비례하여 반작용이 일어나는 물리 세계의 작용반작용의 법칙처럼 고난의 정도에 따라 열정의 크기도 결정되는 것이다.

나를 뜨거운 열정으로 불태우자

베스터 셀러 작가인 로버트 그린은 그의 저서 「권력의 법칙」에서 48가지의 권력 경영 기술을 소개하고 있다. 이 48가지 권력 경영 기술 중에서 다소 엉뚱해 보이지만 흥미로운 전략이 하나 있다. 두 번째 권력의 법칙으로 소개되고 있는 적과 친구에 대한 이야기가 그것이다. 그 내용은 이렇다. "친구를 조심하라. 친구는 쉽게 질투하기 때문에 더 빨리 당신을 배반한다. 오히려 예전의 적이 친구보다 더 의리 있게 행동한다. 당신에게 자신의 충성심을 증명해 보일 필요가 있기 때문이다. 적보다 더 두려워해야 할 사람이 친구이다. 적이 없다면 적을 만들 방법을 찾아라."

또 다른 예를 들어보자. 물고기를 비행기와 같은 교통 수단으로 멀리 이동시키면 장시간의 여행으로 대부분 패사하게 된다. 하지만 문어 같은 천적을 넣어두면 살아 남으려고 바둥거리다가 결국 죽지 않고 원하는 목적지에 살아서 당도하게 된다고 한다.

사람들은 대개 편하고 안락한 삶을 추구한다. 실패나 시련, 적은 모두 피하고 싶어한다. 누구에게 괴롭힘을 당하거나 어떤 고난을 겪으면 인생에 대한 자괴감으로 쉽게 좌절하여 포기하고 만다.

하지만 나를 성공으로 이끄는 밑거름은 우리가 피하고 싶어하는 실패나 시련, 적 같은 것들에 있다는 점을 주지해야 한다. 즉 성공이란 이러한 것들에 자신이 어떻게 대응하느냐에 달려 있다. 우주에는 항상 밝은 면만 존재하는 것이 아니다. 어두운 면과 밝은 면은 동전의 앞뒤와 같다. 행복이 있으면 불행이 있고 친구가 있으면 적이 있고 기쁨과 즐거움이 있으면 고난과 고통도 있는 법이다. 겉으로 행복해 보여도 그 속에서는 실패와 시련의 씨앗이 잉태되고 있다. 마찬가지로 겉으로 불행해 보여도 그 속에서는 성장과 발전의 씨앗이 무럭무럭 자라고 있는 것이다.

더글라스 맥아더 장군은 "세월은 피부를 주름지게 하지만, 열정을 저버리는 것은 영혼을 주름지게 한다"고 했다.

고난을 벗삼아 나를 열정으로 불태우자. 절대 피하지 말고 당당하게 맞서자. 피한다고 피할 수 있는 것이 아니다. 실패나 시련, 적은 원래 존재하는 것이다. 피하면 피할수록 오히려 더 좌절하고 괴롭힘을 당할 뿐이다. 당당하게 맞서서 나를 열정으로 불태우자. 그러면 영원히 주름지지 않는 찬란히 빛나는 영원으로 다시 태어날 것이다.

열정의 힘

하워드 슐츠 스타벅스 CEO는 빈민가에서 트럭 운전을 하는 아버지와 주부인 어머니 사이에서 태어났다. 어려운 가정형편 때문에 온갖 아르바이트를 전전하며 간신히 생계를 이어가야 했다.

그나마 미식축구 장학생으로 선발되지 않았다면, 대학진학은 꿈도 꾸지 못했을 것이다.

그런데 하루하루의 생존이 당면과제였던 그가 어떻게 세계적인 기업가로 우뚝 설 수 있었을까? 그는 한계를 거부했다. 비록 지금은 가난에 찌든 삶일지언정 자신의 삶을 깨부수고 영역을 넓혀갔다. 삶의 전부인 운동을 포기하고 커뮤니케이션을 전공한 것부터가 그랬다.

1976년 복사기 판매업체인 Xerox에 취직해서 3년 만에 부사장으로 스카우트 됐다. 그런데도 또다시 스스로의 삶을 뛰어넘었다. 1982년 우연히 아직 원두커피 판매업체에 불과했던 스타벅스의 존재를 알게 된 뒤, 마케팅 담당 이사로 이직하는 모험을 감행한 것이다. 슐츠는 '당신을 비웃거나 무시하는 사람들 때문에 패배감을 느끼면 안 된다. 빈민촌 출신인 어린 내가 헤쳐나갔던 그 역경들을 생각해보라'고 조언했다. 이는 슐츠만의 이야기는 아니다. 자신의 분야에서 거인으로 우뚝 선 이들은 모두 한계와의 처절한 싸움을 소리 높여 강조한다.

철학자 키케로는 '끝나버리기 전에는 무슨 일이든 불가능하다고 생각하지 마라'고 말했다. 나폴레옹은 '불가능은 소심한 자의 환상이요, 비겁한 사람의 도피처'라고 일갈했으며, 네덜란드의 철학자 스피노자는 '자신은 할 수 없다고 생각하는 동안은 사실은 그것을 하기 싫다고 다짐하는 것'이라고 설파했다. 칼리 피오리나 전 HP CEO는 '스스로 한계나 벌어질 일들에 대해 미리 결정하지 마라.'라고 했다.

인생의 가장 큰 장애물은 일을 시작하기도 전에 스스로 한계를 정하는 것이다.

사람은 자신이 생각하는 것보다 훨씬 더 거대한 잠재력을 갖고 있다. 모든 고전은 말한다. '할 수 없는 일은 없다고. 오직 하지 않는 일만 있을 뿐'이라고. 한계를 짓지 않을 때, 새로운 자신이 시작된다.

사람은 마음 속에 열정이 불탈 때 가장 행복하다

사람들은 행복을 원하고 추구한다. 사람들이 너나 할 것 없이 원하고 추구한다는 행복이 과연 뭘까? 돈, 명예, 권력 속에 행복이 존재할까? 필요조건은 되어도 충분조건은 아니다. 사실 행복은 불행을 전제해 두고 하는 말이다. 세상의 모든 것은 순환한다. 그러니 영원한 행복은 있을 수 없다. 행복한 순간 뒤에는 으레 불행이 따라오기 마련이다. 그러니 행복한 순간이 제일 위험할 수 있다. 나폴레옹은 "전쟁에서 이기는 순간이 제일 위험하다"고 했다. 왜 그럴까? 이긴 순간은 최고의 정점에 해당된다. 반면 그 정점이 지나면 쭉 내리막길이다. 따라서 맨 밑바닥이 제일 위험한 것이 아니라 맨 위 최고점이 가장 위험한 법이다.

이겨서 성공하는 그 순간 행복감이 밀려 온다. 하지만 그것은 오래가지 않는다. 짧은 순간의 행복이 지나면 곧장 목표 의식을 상실해 허탈감이 밀려오곤 한다. 반면 성공을 향해 열정을 쏟아 부어 노력하는 과정은 힘들고 어렵다. 하지만 미래에 대한 밝고 희망찬 생각은 오히려 자신을 더 행복하게 만든다.

자신의 마음을 열정으로 불태우자. 행복을 원하고 추구한다면.

위대한 리더는 가슴에 불을 지른다

저명한 영국의 철학자이자 수학자인 앨프리드 화이트헤드

는 다음과 같은 말을 했다. "보통 교사는 지껄인다. 좋은 교사는
잘 가르친다. 훌륭한 교사는 스스로 해 보인다. 위대한 교사는 가슴에 불
을 지른다."

가슴에 불을 지른다. 가슴 속의 불! 바로 열정이다. 위대한 리더는 위
대한 교사처럼 자신뿐만 아니라 조직원들의 가슴 속에 불을 질러 진한
열정을 심어 줄 수 있는 사람이다. 자신과 조직원의 가슴 속에 불을 지
피는 사람은 성공에 상관없이 이미 그는 성공 그 이상의 가치를 만끽하
고 있는 것이다.

요즘 서점에 가면 감성 리더십   에 관한 서적들을 종
종 접할 수 있다. 좌뇌는 이성을 주관하고, 우뇌는 감성을 주관한다. 왼
손잡이는 우뇌를 자극해 감성적인 경향이 있다. 그래서 왼손잡이는 감성
적인 예술가가 많다.

서양의 역사를 한마디로 표현하여 '피의 목욕탕'이라고 한다. 약육강식
의 피의 역사를 만든 것은 이성적 남성중심 문화이다. 하지만 이제 공감생
존의 '평화의 역사'를 만들 감성적 여성중심 문화의 시대가 도래하고 있다.

사람들은 이성적 남성중심 시대가 만들어 낸 강압적이며 공격적인 사회와 조직 문화에 너무 지쳐 있다. 이런 이런 이유로 현대는 개개인의 감성을 존중하고 동기를 부여하여 개개인의 행복을 먼저 챙기고 더불어 조직도 성장시키는 감성적 리더를 원하고 있다. 결국 위대한 리더는 차가운 머리로 일하기보다는 따뜻한 가슴으로 일하여 개인과 조직 모두를 성공시키는 사람이다.

열정은 단점도 극복하게 한다

축구계의 월드 스타인 박지성은 가난한 집안에서 태어나 어려운 환경 속에서 힘들게 축구를 했다. 더구나 그는 축구인으로서는 치명적인 결함인 평발로 태어났다. 이런 그가 어떻게 대한민국뿐만 아니라 세계를 대표하는 축구 스타로 우뚝 설 수 있었을까? 물론 그의 재능을 알아본 명장 히딩크가 있었기에 가능했다. 하지만 평발도 극복하게 한 축구에 대한 그의 열정이 크게 작용했다.

우리는 뛰어난 재능을 가진 사람들이 의외로 순간의 성공을 뒤로 한 채 인생의 무대에서 소리 없이 사라져간 경우를 많이 보와 왔다. 하지만 뜨거운 열정을 가진 사람들은 다르다. 그들은 자신의 재능의 한계를 넘어 곧잘 지속 가능한 성공을 일궈내곤 한다.

진정 열정은 치명적인 단점조차도 극복하게 하는 힘이 있다. 그런데 좀 더 깊이 생각해 보면 자신을 성공으로 이끌 촉매제로 작용한 것이 다름 아닌 단점이라는 것을 알 수 있다. 왜냐하면 단점을 극복하기 위해 남들보다 더 노력하게 되고 그 과정에서 더욱더 열정적으로 변하기 때문이다. 그러니 결국 단점 때문에 성공에 이르게 된다.

예전에는 무병장수라는 말을 즐겨 사용하였지만 요즘은 일병장수라는 말을 자주 듣게 된다. 즉 병이 한가지라도 있으면 남들보다 건강관리에 더욱 신경을 쓰게 되니 자연스럽게 더 오래 살게 된다는 말이다.

인생도 마찬가지다. 단점이 있어 열정적일 수 있고, 성공하게 되는 것이다. 그러니 단점이 있다고 절대 좌절하지 말자. 극복해 나가는 묘미가 있다. 그리고 그 속에 성공이 있다.

두 손만으로 킬리만자로 등반 성공

다리 없이 두 손만으로 킬리만자로 정상5895m 등정에 성공한 한 남성이 있다. 그는 캐나다 토론토에서 태어나 거주하고 있는 31세의 스펜서 웨스트 Spencer West다.

스펜서 웨스트31는 태어날 때부터 희귀병인 천골 발육 부전증으로 다섯 살이 되던 해 다리를 절단했다.

의사들로부터 "앞으로 많은 일을 하진 못할 것"이라는 말을 들었지만 웨스트는 좌절하지 않았다. 오히려 자선활동가와 연설가로 캐나다에서 활발한 활동을 펼치고 있다.

그는 하반신이 없는 상태에서 두 팔로만 7일간의 여정 끝에 아프리카 최고봉인 킬리만자로 정상에 섰다. 몸이 마비되고 심한 출혈을 겪었지만 꿋꿋이 이겨내 결국 등반에 성공했다.

웨스트는 자신의 킬리만자로 등반을 통해 "다른 이들에게 불가능한 것은 없다는 믿음을 주고 싶다"라고 말했다.

닉 시프린 《 ABC 뉴스 》

그때 그 일 그 사람

우주도 열정 자체다

요즘은 도시에서 밤 하늘의 별을 보기 힘들지만 아늑한 산속에서는 무수히 쏟아지는 별빛으로 여전히 아름답다. 이 우주에는 왜 이렇게 많은 별이 있는 걸까? 우주는 왜 쉼 없이 돌고 또 도는 걸까? 또 어떤 에너지로 잠시도 쉬지 않고 움직일 수 있는 걸까? 단 1초 만이라도 지구가 멈춰 버린다면 그 속에 살고 있는 우리 인간은 어떻게 될까? 우리는 보이지 않게 일어나는 일에 대해서 너무 둔감한 것 같다. 공기는 보이지 않지만 기실 몇 초만 호흡하지 않으면 죽고 만다. 하지만 보이지 않기 때문에 그 존재의 고마움을 잘 모른다.

서양에서는 신이 인간을 창조했다고 한다. 반면 동양에서는 우주의 기운을 그대로 받아 인간이 탄생했다고 한다. 그래서 인간을 소우주라고 한다. 영국의 뉴사이언스 과학잡지에 실린 어느 과학자의 연구결과는 매우 흥미롭다. 모든 별자리를 모아서 그래픽으로 그려 보니 우주의 모습이 양 팔을 벌리고 두 다리로 서 있는 인간과 매우 흡사했다고 한다. 분명 우주 안에는 인간 DNA의 기운을 던지는 별이 있어 이 기운을 받아 인간이 탄생함에 틀림없다.

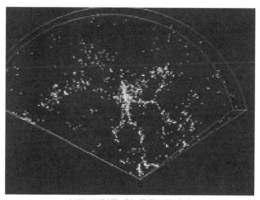

사람 모양을 한 우주 별자리
출처: 영국 뉴사이언스 과학잡지(1986)

부모의 정자와 난자가 결합하여 자라 현재의 내가 된다. 이는 비록 크기는 모래 알갱이보다 작지만 정자 속에 현재 나의 모습을 이루는 모든 것이 함축되어 있기에 가능하다. 혹자는 인간이 우주에 비해 너무 작기 때문에 한갓 덧없고 미약하기 그지 없는 존재라고 주장한다. 하지만 이 말에 절대 동의 할 수 없다.

이는 크기의 문제가 아니다. 비록 인간의 크기는 우주와 비할 바가 못 되지만 인간 DNA 속에는 우주의 모든 것을 담고 있다. 인간은 우주를 속 빼 닮은 존재인 것이다.

그러므로 우주가 쉼 없이 순환하며 만물을 창조하듯이 우주의 모든 것을 내 몸 안에 그대로 담고 있는 우리 인간도 자신이 진정 하고자 하는 일을 찾기만 한다면 우주처럼 이에 모든 열정을 바칠 수 있는 것이다.

성공 방정식: 그때 그일 그사람

우주 안에 있는 모든 것은 끊임없이 순환한다. 이는 규칙적일 수도 있고 불규칙하게 일어 날 수도 있다. 불규칙하게 일어나는 현상에 대해서 미래를 예측하기란 결코 쉬운 일이 아니다. 하지만 규칙적으로 일어나는 현상에 대해서는 미래 예측은 어려운 일이 아니다. 그렇기에 예측 가능한 범위 내에서는 철저히 준비하고 때를 꼬누어야 한다.

모든 일에는 그때에 그일을 하는 그사람이 존재한다. 그때에 그일을 하는 그사람이 되어야 성공에 이를 수 있다. 아무리 위대한 일일지라도 때를 맞추지 못하면 허사가 될 수 있고 아무리 미약한 일일지라도 때를 잘 맞추기만 하면 크게 성공할 수도 있는 것이 인간사다.

그때 그 일을 만나 성공한 그사람이 되려면 그때를 맞춰 모든 열정을 그일에 쏟아 부어야 한다. 우주의 DNA를 그대로 내 몸에 받은 인간인 이상 쉼 없이 순환하는 바로 그 우주의 지극한 열정으로!

그 일에 모든 열정을 바쳐 최고가 될 때까지 멈추지 말자

그런데 열정이 단지 열정만으로 끝나서는 안 된다. 혹자는 열정을 쏟는 과정이 중요하다고 말한다. 성과니 결과니 하는 것에 연연하지 말라고 조언한다. 과정 자체를 즐기라는 것이다.

일리가 있는 말이지만 이는 일면만 강조하는 주장이다. 모든 일에는 목표가 있어야 한다. 명확한 목표가 없이 열정만 쏟으면 시간만 낭비할 뿐이다. 앞서서도 이야기 했듯이 세상만사에는 양면이 있고 양면을 동시에 고려했을 때 성공이 가까워지는 법이다. 과정과 성과 모두를 염두 해야 한다.

우리는 승자독식의 세상에 살고 있다. 이러한 세상에는 최고만 기억된다. 그러므로 이왕에 열정을 쏟아 부을 거라면 최고가 될 때까지 멈추지 말자. 불광불급　　　이라고 했다. 미쳐야 미친다.

내가 좋아하는 바로 그 일에 모든 열정을 바쳐 최고가 될 때까지 절대 멈추지 말자.

· · ·

매일 10만 번을 뛰는 내 심장처럼, 가슴 뛰는 열정으로 사는 삶

인간의 심장은 하루 평균 10만 번 뛴다고 합니다.

70세까지 산다고 계산했을 때 한평생 심장은 모두 26억 번을 뛰는 셈입니다.

쉬지도 않고 지치지도 않으며, 이토록 뜨겁고도 열정적인 심장을 가슴속에 품고 산다는 생각을 하면 그야말로 삶이란 가슴 뛰는 일입니다. 기쁨입니다.

예병일, 《 예병일의 경제노트 》

위에서 이야기 한 것을 간략히 정리하면 아래와 같다.

하고자 하는 바에 핵심역량을 집중해 몰입한다

단점 또한 즐기며 뜨거운 열정을 쏟아 붓는다.

최고가 될 때까지 절대 멈추지 않는다.

자신의 핵심역량인 리더십을 발휘해
GE 발전을 위해 몰입하다.

직선적인 성격의 단점을 극복하고 인생의
모든 것을 GE에 걸다.

20년간 GE를 부동의 1위 기업으로 만들다.

하고자 하는 분야에 뜨거운 열정을 바쳐 최고가 될 때까지 이러한 노력은 멈추지 말아야 한다.

지속 가능한 성공을 위한
우리의 네 번째 결의

나는 하고자 하는 바에 핵심역량을 집중해 몰입할 것이다.
나의 모든 것을 걸고 뜨거운 열정을 쏟아 부을 것이다.

비록 재주가 부족하고 많은 결점이 있지만 이는 결코 걸림돌이 되지 않을 것이다. 오히려 나를 더욱더 자극하는 촉매제가 될 것이고, 극복해 가는 묘미를 줄 것이다.

어떠한 난관에 봉착하더라도 절대 좌절하지 않고 끝까지 밀어붙일 것이다.

이러한 나의 열정은 최고가 될 때까지 결코 멈추지 않을 것이다.

최고가 아니면 결코 만들지 않는다. 매르세데스 벤츠

이제 2등은 세상이 기억해 주지도 성공을 보장하지도 않는다. 최고만
이 성공으로 가는 필요조건이자 충분 조건이다. 현재와 같은 글로벌 시
대에는 세계 최고를 목표로 매진해야 성공할 수 있다. 빨간 열정을 불어
넣어 최고가 되면 세상이 먼저 자신을 찾을 것이다.

최고가 되기 위한 핵심역량의 네 가지 요소

핵심역량   은 1990년 미시간 대학 비즈니스 스쿨의 프라할라드   교수와 런던 비즈니스스쿨의 게리 하멜   교수에 의해 발표된 이론으로 경쟁 기업에 비하여 훨씬 우월한 능력, 즉 경쟁우위   를 가져다 주는 기업의 핵심적이며 독보적 능력을 의미한다.

예를 들면, 구글의 인터넷 검색 기술, 마이크로 소프트의 MS OFFICE, 이베이의 경매 시스템, 코카콜라의 브랜드 이미지, 월마트의 물류시스템 등이 기업의 핵심역량에 해당된다. 기업은 이러한 핵심역량을 개발하여 경쟁우위를 확보함으로써 수익을 창출할 수 있다. 또한 기존의 핵심역량에 새로운 혁신적인 기술·제품·서비스 등을 결합 연계시켜 사업을 확장 혹은 다각화함으로써 독특한 기업문화와 경쟁전략을 바탕으로 지속 가능한 경쟁우위를 창출할 수 있다.

개인의 경우를 예로 들면, 톰 피터스의 경영 이론, 웨런버핏의 가치투자법, 박지성의 축구 기술, 김연아의 피겨스케이팅 기술 등이 바로 개인의 핵심역량이다. 이러한 핵심역량은 앞서 언급한 바와 같이 희소성, 가치성, 모방의 어려움, 대체 불가능성의 네 가지 요소를 구비해야 한다.

경영학의 구루인 톰 피터스의 예언대로, 개인도 기업처럼 하나의 독자적인 브랜드인 1인 1기업의 세상이 도래하고 있다. 그렇기 때문에 개인도 한 분야에서 최고가 되려면 자신만의 차별적 핵심역량을 한 두 개는 반드시 보유해야 한다. 만일 핵심역량이 전혀 없다면 개인이든 기업이든 생존경쟁 자체가 어려울 뿐만 아니라 지속 가능한 경쟁우위를 가진다는 것은 상상하기 힘들다.

각 분야에서 핵심역량을 갖춘 최고의 인물들의 공통점

우리 주변에는 수많은 위대한 인물들이 있다. 각 분야에서 최고의 핵심역량을 갖춰 역사에 한 획을 긋고 사회와 세상의 발전을 위해 헌신한 분들! 이들에게는 분명 공통점이 있다. 이 공통점을 살펴보면 우리가 어떻게 하면 핵심역량을 갖출 수 있는지, 어떻게 하면 성공에 이를 수 있는지를 터득할 수 있다.

그런데 각 분야에서 독보적 핵심역량을 갖춘 최고의 인물들의 공통점을 조사해 보면 그 단순함에 놀라지 않을 수 없다. 공통점 중의 하나는 바로 자신의 분야에서 최고가 되려고 한 열정과 헌신 이상이 아니다라는 것이다. 타고난 재주와 환경이 완벽해서라기 보다는 열악한 환경에도 불구하고 이를 딛고 자신의 분야에 모든 열정을 쏟았기 때문에 가능한 것이었다. 그렇게 하여 자신이 하나의 독자적 브랜드가 된 것이다.

요즘 우리나라의 스타 박지성과 김연아의 자산 가치를 1조원 대로 까지도 산정하기도 한다. 왠 만한 중견기업의 가치를 상회한다. 이렇듯 특정 분야에서 최고의 핵심역량을 갖춘 개인은 웬만한 기업 못지 않는 자산 가치와 경쟁력을 가지게 된다. 곧 개인이 기업인 것이다.

누구나 최고가 될 수 있다

과학자들의 연구 결과에 의하면 사람의 유전자는 겨우 3%만 활동한다고 한다. 나머지 97%는 전혀 사용이 안 된다고 한다. 결국 사람들이 자신의 분야에서 최고가 될 수 없는 것은 스스로를 한계 짓기 때문이다. 97%의 사용이 전혀 안 되는 유전자를 좀더 사용이 되도록 노력한다면 누구라도 얼마던지 원하는 바를 이루어 낼 수 있다.

마음먹은 일이 잘 안 풀린다면 '시간도 없고, 능력도 안 된다'라는 이유 등으로 자신의 울타리 속에 갇혀 살고 있는 것은 아닌지 생각해 봐야 한다. 물론 사람에게는 확실히 할 수 있는 일과 할 수 없는 일이 있다. 확실히 할 수 없는 일을 제외하고 자신이 할 수 있는 분야에 집중한다면 누구나가 최고가 될 수 있다. 시도하지 않아서 못하는 것이지 할 수 없어서 못하는 것이 절대 아니다.

듣지도 보지도 못하는 최악의 신체적 조건을 타고난 헬런 켈러도 일반인도 받기 힘든 정규 대학교 학사 학위를 취득했는데 우리같이 온전한 정신적 신체적 조건을 가진 사람이 무엇인들 못하겠는가? 그래 할 수 있다. 할 수 있다고 생각하는 순간 할 수 있게 되고, 최고를 열렬히 갈망하는 순간 누구나 최고가 될 수 있다.

신경과학자인 다이엘 레비틴   은 어느 분야에서든 세계 수준의 전문가, 마스터가 되려면 타고난 재능에 상관없이 최소한 1만 시간의 연습이 필요하다는 연구결과를 내놓았다. 이를 1만 시간의 법칙이라고 한다. 일만 시간은 하루 3시간씩 10년을 하면 채워진다. 빌 조이, 비틀즈, 빌 게이츠도 1만 1시간의 노력 끝에 성공할 수 있었다.

10년 아니 그 이상이 걸리더라도 최고가 될 때까지 멈추거나 포기하지 말자. 그렇다면 언젠가 좋은 결실을 맺을 것이다.

1만 시간의 법칙

1990년대 초에 심리학자

K. 안데르스 에릭손(K. Anders Ericsson)은 〈재능 논쟁의 사례A〉라는 연구결과를 내놓았다. 우선 그들은 바이올리니스트들을 세 그룹으로 나누었다. 첫 번째 그룹은 '엘리트'로 장래에 세계 수준의 솔로 주자가 될 수 있는 학생들이었고, 두 번째 그룹은 그냥 '잘한다'는 평가를 받는 학생들이고, 세 번째 그룹은 프로급 연주를 해본 적이 없고 공립학교 음악교사가 꿈인 학생들이었다. 이들의 연습량을 조사했는데, 각각 1만시간, 8,000시간, 4,000시간을 연습한 것으로 나타났다.

천부적 재능을 타고 났더라도 1만 시간 연습하지 않고

엘리트 그룹 학생이 된 경우는 없었다. 천부적인 재능은 없었더라도 1만 시간 연습한 학생 중 엘리트 그룹이 되지 못한 학생도 없었다고 한다. 문제는 1만 시간의 연습을 하느냐 안 하느냐의 차이였다.

썬 마이크로시스템즈사의 공동 창립자인 빌 조이는 1971년에 미시건 대학에 입학해 프로그래밍을 하기 시작해 성공하기까지 얼추 1만 시간을 컴퓨터와 살았다.

비틀즈는 1963년 EMI에서 최초의 성공적인 앨범 'Love me do'가 나오기 전까지 1957년부터 1962년까지 매일 8시간 1200여회 거의 1만 시간 연주했다.

빌 게이츠는 1968년 공유터미널을 이용하여 프로그래밍을 시작한 이후 약 1만 시간을 몰입한 후 마이크로소프트를 창립하여 성공 할 수 있었다.

말콤 글래드웰, 《 아웃라이어 》

세계적인 석학이 본 미래의 모습

미래학자인 앨빈 토플러는 그의 저서 「부의 미래   」에서 미래 부 창출의 핵심이 되는 심층 기반   으로 시간, 공간, 지식이라는 세가지 요소를 언급했다. 미래의 부는 이 세가지 핵심 요소에 의해 대부분 결정된다고 본 것이다.

전기가 없던 시대의 시간은 인간이 활동할 수 있는 낮만 의미가 있었다. 하지만 이제는 전기와 다양한 에너지 자원 덕택에 시간의 제약을 받지 않고 24/7, 365일 동안 영업활동을 하는 기업이 점점 늘고 있다. 페이스북   , 트위터   와 같은 소셜 네트워크서비스   , 버츄얼 오피스   등과 같은 인터넷 서비스를 비롯해서 각종 운송 수단의 비약적 발전으로 공간도 이제는 더 이상 커뮤니케이션과 비즈니스의 걸림돌이 되지 않는다. 지식도 마찬가지다. 예전에는 한정된 사람만이 특정 유용 지식을 독점했다. 하지만 이제는 거의 모든 정보가 인터넷을 통해 유통되기 때문에 원하는 사람은 누구나가 접근이 가능하게 되었다. 다만 무분별한 정보의 확산으로 어떤 지식이 유용한 정보인지 아닌지를 판단할 필요성은 증대되고 있다.

이처럼 미래는 시간, 공간, 지식에 대한 인식의 급격한 변화로 누가 얼마나 빨리 혁신적인 방식으로 이를 점령하느냐에 따라 미래 부 창출이 결정된다.

현존하는 프랑스 최고의 수재로 불리는 프랑스의 대표적인 지성, 자크 아탈리는 그의 저서 「미래의 물결」에서 미래는 아시아가 세상을 주도할 것임을 단언하고 있다. 실제로 이미 세계 경제 활동의 절반 이상을 아시아가 차지하고 있다. 현재 중국은 미국과 함께 G2로 대접 받고 있다. 자크 아탈리는 이 책에서 역사적으로 세상의 중심이 된 도시가 어디서 어디로 어떻게 이동해 왔는지에 대해 자세히 기술하고 있다. 특이하게도 이 세상의 중심 도시는 지구가 태양 주위를 회전하는 방향과 같은 방향으로 순환하면서 이동해 왔다고 한다.

14세기에는 세계의 패권을 중국이 쥐고 있었다. 그런데 이 패권은 중국에서 유럽을 거쳐 미국으로 갔다가 현재 다시 아시아로 이동하고 있다. 그 옛날 세상의 중심이었던 아시아가 시간, 공간, 지식의 대변혁이 일어나는 이 시점에 다시 세계를 호령하기 시작하고 있는 것이다.

이러한 때에 우리나라가 그 옛날 만주 대륙을 호령하던 영광을 되찾기 위해서는 반드시 세계로 눈을 돌려야 한다. 세상은 우물 안 개구리로 살기에는 이제 너무 좁아졌다. 세계 문화의 다양성에 눈을 떠 세계 속으로 들어가야 한다.

세계 속의 한국인 글로벌 리더와 교훈

한번은 빌게이츠가 극찬한 아이리버를 디자인한 한국이 낳은 세계적인 디자이너, 김영세 이노디자인 대표의 강의를 들은 적이 있다. 김영세 대표는 세계적인 디자이너가 되기 위해 젊은 나이에 미국으로 건

너갔다. 문화의 용광로인 미국에서 다양한 문화와 생각을 접하면서 창의적인 이매저너   가 될 수 있었다고 한다. 전 다음 사장인 이재웅님, TV 토크쇼 황금어장에 출연한 송승환님도 역시 문화와 생각의 다양성을 인정하는 풍토 속에서 얻은 독특한 사업 아이디어로 기존의 것과 전혀 새롭고 차별적인 것을 만들어 성공할 수 있었다.

그렇기 때문에 세계 속의 글로벌 리더   가 되기 위해서는 젊은 시절에 다양한 나라의 다양한 문화를 꼭 접해 볼 필요가 있다. 더불어 글로벌 리더로서 세계인들과 어깨를 나란히 하면서 한발 더 나아가 이들을 이끌어 가기 위해서는 자신의 브랜드인 유·무형의 자산 관리와 글로벌 마인드 측면에서 몇 가지 준비가 필요하다.

우선 유·무형의 자산 측면에서, 체력, 평판   , 조직력, 재정 능력, 지능   , 전문지식   등을 갖춘다면 글로벌 리더로서의 지속 가능한 성과   를 이끌어 낼 수 있다.

· · ·

글로벌 리더의 PROFIT 모델

P(Physical Resources): 체력

R(Reputation Resources): 평판, 인지도

O(Organisation Resources): 조직력

F(Financial Resources): 재정 능력

I(Intellectual Resources): 지능, 통찰력

T(Technology Resources): 전문지식, 기술력

첫째, 체력을 길러야 한다. 물론 몸과 마음 다 건강해야 한다. 그러니 명상도 하고 운동도 해야 한다. 담배 같이 건강에 치명적인 것은 절대로 가까이 하지 말아야 한다. 건강을 잃으면 모든 것을 잃는 법이다.

둘째, 좋은 평판을 유지할 수 있도록 노력해야 한다. 평판이란 회사로 치면 브랜드 인지도이다. 브랜드 인지도가 나빠지면 회사 매출에 치명타를 초래하듯이 개인도 좋은 평판을 유지할 수 있도록 노력해야 어딜 가던 대접을 받을 수 있다.

셋째, 조직력을 갖춰야 한다. 사람은 사회적 동물인 관계로 조직을 떠나서 살 수도 성공할 수도 없다. 그렇기 때문에 피하지 말고 적극적으로 부딪혀 내 주위에 사람들이 모이게 해야 한다. 조직력을 갖춰야 큰 일을 할 수 있다.

넷째, 재정 능력이 있어야 한다. 자본주의 사회에서 돈은 피와 같은 존재다. 사람은 피가 돌지 않으면 순식간에 싸느란 시체로 변한다. 마찬가지로 자본주의에서 돈이 돌지 않으면 자본주의의 죽음, 즉 공황이 온다. 그러니 자본주의 세상에 돈 없이 할 수 있는 일은 없다. 돈 관리에 유념해야 한다.

다섯째, 지적 능력, 통찰력을 길러야 한다. 지적 능력과 통찰력은 하루 아침에 생기지 않는다. 폭넓은 독서는 기본이다. 최소한 문사철 600권은 읽어야 한다. 독서는 세상을 보는 안목, 미래를 읽는 기술, 단순한 지식을 넘어 남이 가지지 못한 특별한 지혜를 안겨다 줄 것이다.

특히 인문학 고전을 많이 읽자. 고전에는 변하지 않는 특별함이 있다. 별 볼일 없던 시카고 대학이 세계 최고의 노벨상 수상 대학으로 거듭날 수 있었던 것도 인문학 고전 독서의 힘이 없었다면 불가능했다.

여섯째, 전문지식을 습득해야 한다. 전문지식은 자신을 남과 차별화시킬 수 있는 핵심역량이다. 핵심역량이 아닌 주변 능력 및 역량은 한계가 있다. 그러니 전문지식을 늘여 핵심역량을 강화해야 한다.

또한 글로벌 리더는 글로벌 마인드 셋을 갖춰야 한다. 그러므로 열린 마인드, 창조적 마인드, 소통의 마인드, 선도적 마인드, 도덕적 마인드는 필수다. 이제 글로벌이라는 단어는 전혀 낯선 말이 아니다. 그만큼 글로벌 마인드의 중요성이 커지고 있다.

* * *

글로벌 리더의 마인드 셋

Open Mind: 열린 마인드

Creative Mind: 창조적 마인드

Networking Mind: 소통의 마인드

Leading Mind: 선도적 마인드

Moral Mind: 도덕적 마인드

첫째, 열린 마인드를 가져야 한다. 폐쇄적인 마인드는 위험하다. 고립을 초래하여 발전을 저해하고 멸망을 부른다. 애플   의 맥킨토시와 싸이월드의 초기 성공 이후 뼈아픈 좌절은 모두 그 폐쇄성에 기인한다. 반면 페이스북, 트위터 같은 소셜 네트워크의 성공은 글로벌 오픈성에 있다.

둘째, 창조적 마인드를 가져야 한다. 과거 우리나라는 후발국으로서 선진국을 따라 잡기 위해 캐치업   전략을 구사했다. 하지만 이제는 다르다. 선진국 대열에 들어선 지금 창조적인 마인드를 갖지 않으면 성장은 고사하고 도태되고 말 것이다. 마찬가지로 글로벌 리더는 모방이 아닌 창조로 승부를 걸어야 한다. 그래야 세상을 변화시키고 이끌 수 있다.

셋째, 소통하는 마인드를 가져야 한다. 요즘 소통이 대세다. 소통을 못하는 리더는 높은 자리에 올라가지도 못한다. 그만큼 이 시대는 개개인의 감성을 존중하는 소통의 시대로 바뀌고 있는 것이다. 적극적인 소통을 통해 사람들을 다독거릴 때 더 나은 세상을 열 수 있다.

넷째, 선도적 마인드를 가져야 한다. 솔선수범하는 자세는 리더의 기본이다. 솔선수범하지 않는 사람이 어찌 리더가 될 수 있겠는가? 리더는 솔선수범하여 선도적으로 세상을 바꾸고 이끄는 사람이다.

다섯째, 도덕적 마인드를 가져야 한다. 자신이 잘 되기 위해 남을 음해하거나 사람들을 이간질하면 우선은 이익을 얻을지라도 언젠가는 앙갚음을 받게 된다. 얄팍한 잔머리를 쓰지 말고 바른 마음으로 살자. 율곡 이이는 견득사의   , 즉 "이득을 보거든 옳은 것인가를 생각하라"라고 했다. 정직, 진심, 진정성에 바탕을 둔 도적적이며 인간적인 마인드는 자신을 든든하게 지켜주는 지속 가능성의 뿌리다.

세계 속의 글로벌 리더(World-class Global Leader)가 되자

우리는 지구촌 시대에 살고 있다. 이러한 시대에 국내 최고는 그 가치라 바래지고 있다. 예를 들어보자. 스마트 폰 같은 첨단 IT제품의 경우 국내 1위는 더 이상 의미가 없다. 애플의 아이폰이나 아이패드 같은 세계 최고 제품을 상대로 경쟁해야 시장성이 있고 승산이 있다. 그러니 국내 1위가 아닌 세계 최고가 되어야 한다.

예전에는 여섯 단계만 거치면 누구나 다 아는 사이가 될 수 있다고 했다. 하지만 이제는 페이스북이나 트위터 등과 같은 소셜 네트워크 서비스 덕분에 여섯 단계가 아닌 바로 다이렉트로 연결되는 세상이 되었다. 마음만 먹으면 트위터를 통해 지금 바로 오마바 대통령 같은 분의 팔로워가 되어 메시지를 주고 받을 수 있다. 자신이 알고 있는 지식과 정보를 세계인이 검색하고 열람하는 위키피디아 같은 인터넷 사전에 반영할 수 도 있다.

우리 몸을 이루는 세포 하나하나는 독립적으로 존재하면서 동시에 몸 전체와 유기적인 관계를 유지하며 생존해 간다. 마찬가지로 과거 개별적인 존재로만 여겨졌던 개인들도 지구촌 시대를 맞이하여 전세계인들과 소통하며 유기적인 관계를 맺으며 공감생존하고 있다.

그러므로 이제 월드 클래스 글로벌 리더는 선택이 아니라 공감생존 시대의 필수 요건이다.

세계적인 투자자 짐 로저스Jim Rogers의
12가지 인생 조언

1. 남들 하는 대로 따라 하지 말고, 너 자신이 되어라.

2. 네가 좋아하는 것에 집중하라. 늘 꿈을 갖고 네 인생을 살아라.

3. 상식은 그렇게 상식적이지 않다. 유용한 상식과 쓸모없는 상식을 구별할 줄 알아라.

4. 세계로 나아가 넓은 세상을 보아라. 책에만 의존하지 말고 직접 돌아다니며 세계를 담아낼 넓은 시야를 가져 세계시민이 되라.

5. 철학을 배우고, 생각하는 법을 깨쳐라. 통념을 깨고 너 말고는 아무도 생각하지 못할 만한 것을 찾아라.

6. 세계가 겪고 있는 큰 변화를 주목해라. 아시아의 시대에 대비하라.

7. 세계를 바라보는 거시적 안목이 필요하다. 역사를 배워라.

8. 너 자신을 알아라. 너 자신이 어떤 존재인지를 파악하고 너 자신에게 진실해라.

9. 모든 건 변한다. 변화를 인지했으면 그걸 받아들이고 변화에 적극적으로 대응하라.

10. 미래를 안다면 누구나 백만장자가 될 것이다. 그러므로 항상 미래를 주시하라.

11. 기회란 아무도 돌아보지 않는 곳에 있기 마련이다. 시류에 편승하지 말고 모두가 등한시하는 것을 주목해라.

12. 행운의 여신은 꾸준히 노력하는 자에게 미소 짓는다. 꿈을 향해 일하는 동안 절대 포기하지 마라.

짐 로저스, 《 딸에게 전하는 12가지 부의 비법 》

두 가지 피알 방법

사람들은 대개 무엇을 원하거나 구할 때 자신이 가진 능력과 재주를 남에게 어필해 보려고 무던히 애를 쓴다. 유교적 가치관에 의한 순종적이고 겸양을 중시했던 과거 문화와는 달리 현대와 같이 경쟁이 치열한 세상을 사는 우리에겐 자신을 잘 피알 하는 것도 하나의 능력이다.

피알 방법은 두 가지로 나눌 수 있다. 하나는 능동적으로 자신의 능력을 자신이 직접 남에게 알리는 방법이고, 또 하나는 세상이 먼저 자신을 찾아 오도록 만드는 방법이 그것이다.

전자는 자신을 알리는 비용이 추가로 든다. 반면 후자는 자신을 최고로 만드는데 많은 시간과 노력이 필요하다. 그러나 후자의 방법은 협상 시 자신을 상대방보다 유리한 고지를 점령하게 한다. 초기 비용은 전자가 적게 들지만 장기적으로는 오히려 전자가 더 많은 비용을 필요로 한다. 그러므로 삶을 길게 본다면 후자가 오히려 더 나은 매우 전략적인 피알 방법이라 할 수 있다.

역사에서 배우는 자기 피알법

전설적인 전략가인 제갈공명을 예로 들어보자. 제갈공명은 과연 영원히 세상을 등지고 살길 원했을까? 그가 진정으로 속세와 인연을 끊고 살길 원했다면 왜 부질없이 책을 벗삼아 세상과 인생 공부를 했겠는가?

제갈공명은 이미 오래 전에 유비의 인품을 익히 들어 잘 알고 있었고, 유비에게 의탁하여 자신의 모든 것을 걸 만반의 준비를 하고 있었다. 유비의 조직은 초기 단계라서 자신의 노력여하에 따라 얼마든지 성장을 시킬 수 있다고 판단한 것이다. 반면 조조의 조직은 비대하고 걸출한 인물도 많다. 그러니 그 속에서 자신의 재능을 발휘하기가 쉽지 않은 것이다. 인재가 많으니 조조가 먼저 손을 내밀 가능성도 희박하다.

　　자신이 먼저 손을 내미느냐 아쉬운 사람이 먼저 요구 하느냐는 크게 중요치 않아 보일 수도 있다. 하지만 이는 오해다. 이 한 끗 차이는 전략적 입장에서 보면 장기적으로 큰 차이를 만들어 낸다. 제갈공명은 관우, 장비 같은 조직 내 기존 인재의 높은 진입장벽을 손쉽게 뚫고 들어감과 동시에 짧은 시간 안에 조직 내에서 자신의 입지를 확고히 굳히기 위해 유비로 하여금 삼고초려라는 극단적 조치를 취하게 만든 것이다. 즉 삼고초려를 통해 유비로 하여금 자신에게 완전히 물리게(Lock-in) 한 것이다. 이런 면에서 제갈공명은 수 천년 전에 이미 현대 경영학의 전략경영 이론을 그대로 사용한 진정한 경영학의 원조이다.

　　또 하나 재미있는 예를 들어보자. 요즘 심심찮게 신문 지면을 장식하고 있는 웨렌 버핏과의 점심 식사에 대한 이야기다. 수억 원을 지불하고도 웨런 버핏과의 단 한번의 식사를 하려고 사람이 줄을 선다고 하니 그는 진정 대단한 인물이다. 이런 웨런 버핏도 기실 작은 집에서 매우 검소하게 산다. 매끼 점심 식사도 값싼 햄버거 등으로 때운다고 한다. 언젠가 도둑이 집을 털려고 들어가서 보니 가져 갈 것이 없어서 그냥 나왔는데 알고 보니 그 집이 웨런 버핏의 집이었다는 기사를 본적이 있다. 그

청렴함도 세계 최고인 듯싶다.

그런데 사람들은 왜 수억 원의 돈을 지불하면서까지 짧디 짧은 웨렌 버핏과의 점심 식사를 마다하지 않는 걸까? 그 짧은 시간에 무엇을 배울 수 있는지 궁금하기도 하다. 가까이서 얼굴만이라도 한번 보고 몇 마디 건네는 것만으로도 대단한 깨달음과 강력한 기운을 받을 수 있다고 생각하는 모양이다.

진정 최고인 자에게는 세상이 먼저 찾아 온다는 말이 틀린 말이 아니다.

최고가 되는 자체가 가장 강력한 자기 피알법

진정한 고수는 애써 자신을 알리고 하지 않는다. 오히려 그 반대다. 먼저 자신을 갈고 닦아 최고가 된다. 그러면 자연스럽게 입소문(Word Of Mouth)이 나 아쉬운 사람이 스스로 찾아온다. 영업의 달인들도 절대로 먼저 물건을 보이지 법이 없다고 하지 않던가?

결국 자신이 하고자 하는 분야에서 최고가 되는 것이 가장 강력한 자기 피알법인 것이다. 이것이 바로 론다 번의 저서 「시크릿The Secret」에서 이야기 한 단순하지만 인생의 가장 강력한 비밀인 매력의 법칙이다. 매력도 힘이기 때문에 이는 곧 힘의 법칙(The Law of Power)이 된다.

에너지 보존의 법칙 (The Law of Energy Conservation)	열정보존의 법칙 (The Law of Passion Conservation)
작용반작용의 법칙 (The Law of Action & Reaction)	기브앤테이크의 법칙 (The Law of Give & Take)
관성의 법칙 (The Law of Inertia)	습관의 법칙 (The Law of Habit)
만유인력의 법칙 (The Law of Universal Gravity)	힘의 법칙 (The Law of Power)
가속도의 법칙 (The Law of Acceleration)	

사람들은 물리 세계에만 에너지 보존의 법칙, 작용반작용의 법칙, 관성의 법칙, 만유인력의 법칙과 가속도의 법칙이 적용된다고 생각하는데 절대 그렇지 않다. 사람도 몸을 가지고 있는 한 우주 법칙을 절대 벗어날 수 없다.

우주에서의 모든 에너지는 그대로 보존된다는 에너지 보존의 법칙에 상응하여 인간 세계에는 열정의 크기에 따라 성공이 정해지는 열정의 법칙이 있다. 자신이 뱉은 말과 지은 행동은 그대로 남아 언젠가는 자신에게 다시 되돌아오는 것도 작용반작용의 법칙과도 크게 다르지 않다. 한번 만들어진 습관과 행동이 잘 고쳐지지 않는 것은 움직이는 물체는 계속 움직이려고 하고 멈춰 있는 물체는 계속 멈춰 있으려 하는 관성의 법칙과 일맥상통한다. 또한 우주에 중력에 의해 끌리는 만유인력의 법칙과 가속도의 법칙 있듯이, 인간 세계에는 힘이나 매력의 정도에 따라 끌리는 힘의 법칙이 있다.

그러므로 성공하고 싶다면 먼저 최고가 되어 거부할 수 없는 옴므파탈 혹은 팜므파탈과 같은 힘과 매력을 지녀야 한다. 그러면 세상이 먼저 자신을 찾을 것이다.

- - -

설득의 심리학 6가지 법칙

1. 사회적 증거의 법칙, 다수의 행동이 '선'이다
2. 상호성의 법칙, 호의는 호의를 부른다
3. 일관성의 법칙, 하나로 통하는 기대치를 만들라
4. 호감의 법칙, 끌리는 사람을 따르고 싶은 이유
5. 희귀성의 법칙, 부족하면 더 간절해진다
6. 권위의 법칙, 전문가에게 의존하려는 경향

위에서 이야기 한 것을 간략히 정리하면 아래와 같다.

최고를 목표로 삼는다.

세계 속의 글로벌 리더로 성장한다.

최고가 되면 세상이 먼저 찾을 것이다.
이를 성공으로 가는 디딤돌로 삼는다.

세계 최고의 **IT** 회사를 꿈꾸다.

혁신적인 제품으로 애플을
세계 최고의 회사로 만들다.

자신이 만든 회사에서 쫓겨나는 등 불운을 겪었지만
결국 다시 **CEO**로 복귀해 재기에 성공하다.

하고자 하는 분야에서 최고가 되었다면 이제는 어떻게 하면 우리가 그토록 원한 아름답고 풍요로우며 견고한 성공을 이룰 수 있는지를 고민해야 한다.

지속 가능한 성공을 위한
우리의 다섯 번째 결의

—

나는 목표를 크게 잡을 것이다.

만일 목표를 작게 잡으면 그것조차 이루지 못하고 끝날 가능성이 크다.

그러니 항상 최고를 목표로 뛸 것이다.

최고를 목표로 뛰다 보면 나의 그릇도, 나의 성취도 그에 따라 커질 것이다.

또한 세계의 다양한 문화와 생각을 접해 세계 속의 글로벌 리더로 성장해 나

갈 것이다.

언젠가 최고가 되면 세상이 먼저 나를 찾을 것이다. 이를 디딤돌로 삼아 나의

모든 것을 바쳐 멋진 성공을 일구어 내고 말 것이다.

창업創業보다 수성守成이 더 어렵다.

전체를 아우르는 통합적 사고를 바탕으로 경쟁우위보다는 상생우위, 창업보다는 수성, 사리보다는 공리, 단기보다는 장기에 더 주안점을 둘 때 지속 가능한 성공은 그대의 것이 된다.

성공은 기회라는 씨앗의 달콤한 열매

어떤 사람은 돈, 명예, 권력 같은 것을 얻었을 때 성공했다고 하기도 하고, 어떤 사람은 자신이 하고 싶은 일을 마음껏 할 수 있는 그 자체를 성공이라고 말하기도 한다. 이렇듯 성공에 대한 정의는 사람마다 다르다.

어찌되었건 성공이란 기회를 자신의 것으로 만들 차별적인 전략을 바탕으로 뜨거운 열정으로 도전하여 최고가 될 때 얻어지는 달콤한 열매라고 말할 수 있다. 그렇기 때문에 성공의 씨앗이 바로 기회이며, 그 씨앗이 어떠한 것이냐에 따라 그 열매인 성공도 이에 상응하여 결정된다. 그러므로 성공이라는 달콤한 열매를 맛 보려면 애초에 기회를 놓치지 않도록 만반의 준비를 해야 한다. 또한 이를 위해 세상을 두루 넓고 깊게 볼 필요가 있다.

성공한 사람들의 공통점

성공한 사람들은 어떤 공통점을 가지고 있을까? 위대한 인물이나 스타들은 어떻게 성공할 수 있었을까? 일전에 박지성 선수가 인터뷰 할 때 리포터가 본인의 성격에 대해 물은 적이 있었다. 그 때 박지성 선수는 이렇게 대답했다. "특별한 장점은 없지만, 부지런하며, 결코 포기 하지 않는 습관이 있다."

저명한 경영학자의 연구결과에 의하면 사회적으로 크게 성공한 사람들은 몇 가지 공통점을 가지고 있다고 한다. 아래가 그것이다.

비전 가슴 뛰는 비전을 가지고 있다.

몰입 자신이 좋아하는 일에 끝까지 포기하지 않고 몰입한다.

습관 성실하고 부지런하며 자기 관리에 매우 뛰어난 습관을 가지고 있다.

공리 자신의 일을 통해 보다 많은 사람들을 기쁘게 한다.

즉 그들의 가슴 뛰는 비전은 자신이 좋아하는 일에 끝까지 포기하지 않고 몰입케 하여 자신의 모든 것을 이에 바치게 만든다. 또한 그들은 자기 관리에 철저하다. 물론 자신만의 특별한 시간 관리 기법도 있으리라. 특히 지속 가능한 성공을 이룬 사람들은 자신의 일을 통해 타인을 즐겁고 기쁘게 해준다. 그러니 일이 노동이 아니라 즐거움 자체고 예술로까지 승화된다.

진짜 실패는 시도 하지 않은 것! 시도하지 않으면 성공도 없다

일전에 국내 유명한 포털 사이트 창업자의 강의를 들은 적이 있다. 그 분을 모르는 사람은 거의 없을 것이다. 기업가 정신   에 대한 강의였는데, 그 분은 자신의 핵심 성공 요인을 '남보다 한발 빠른 기회 포착과 실행'이라고 했다.

농부는 봄에 씨앗을 뿌리고 가을에 열매를 수확한다. 아주 평범한 이치이지만 이 속에는 무한한 우주의 진리를 담고 있다. 농사를 짓는 데에도 씨앗을 뿌리고 거두는 시기가 있듯이 만사에도 그 일이 가능한 때가 있는 법이다. 그 때의 그 기회를 놓치지 말고 자신의 것으로 만들기 위해 적극적으로 실행에 옮길 수 있을 때 그 일이 이루어질 것임은 자명하다.

앞서서도 언급 한 바 있지만, 마이크로소프트에서는 실패한 경험이 있는 사람을 특별 우대해서 채용한다. 이러한 마이크로소프트의 인재 채용 방식은 "시도가 없으면 성공도 없고, 과거에 실패 했다는 것은 그만큼 미래의 성공에 가까워지고 있다"는 것을 방증한다. 톰 피터스는 "평범한 성공에는 벌을 주고, 아름다운 실패에는 상을 주라"고까지 충고했다. 경영학의 대가인 그가 왜 이런 주장을 하는지 우리는 곰곰이 생각해 필요가 있다.

우주도 현재와 같은 인류를 만들기위해 수십 억년의 시간이 걸렸다. 오스트랄로피테쿠스, 호모 하빌리스, 호모 에렉투스, 호모 사피엔스, 호모 사피엔스 사피엔스로의 끊임없는 진화를 통해 오늘날의 인간이 만들어진 것이다. 물론 미래에는 더 뛰어난 인간, 호모 엑설런스(초인)로 진화할 것이다. 우주도 수많은 아름다운 실패와 시행착오를 거쳐 자신의 모습을 그대로 닮은 좀 더 완벽한 인간으로의 진화를 이끌어 낸다. 물론 이러한 우주의 노력은 결코 멈추지 않을 것이다. 그러므로 소우주인 우리 인간도 우주를 쏙 빼 닮았기에 끊임없이 시도하며 보다 의미 있고 가치 있는 삶을 위해 결코 멈추지 말아야 한다.

단언컨대 진짜 실패는 시도하지 않는 것이다. 시도하지 않으면 성공도 없다. 가슴 띄는 비전을 세워 하고자 하는 바에 몰입하자. 물론 철저한 자기 관리는 필수다. 공리에 입각할 때 지속 가능한 성공을 이끌어 낼 수 있다는 사실을 명심하자. 보다 의미 있는 가치 있는 삶을 위해 몸부림 치자.

잭 웰치의 리더십

GE의 한 사업부는 일반 전구보다 50배나 긴 친환경 전구를 개발했다. 하지만 가격이 너무 비싸 소비자에게 외면당했다. 전구 개발을 맡았던 팀원들은 낙담했고, 회사에서 쫓겨날까 봐 불안했다. 그런데 회장은 예상을 깨고 그 팀 모두에게 두둑한 상여금과 함께 일주일간의 휴가를 주었다.

새 상품이 실패할지도 모른다는 불안감 속에서 일한 팀원들에게 실패에 대한 두려움을 극복하도록 보상을 해 줘야 한다는 것이 회장의 생각이었다. 그 생각은 적중했다.

그들은 휴가를 마치고 돌아오자마자 수명이 긴 전구를 더 값싸게 만들 수 있는 방법을 찾는데 매진했다. 만약 회장이 실패의 책임을 묻기만 했다면 수명이 긴 전구의 개발은

백지화 되었을 것이다.

그 회장은 바로 '직원에 대한 관심과 열정이 클수록

그리고 사람을 아낄수록 성공하는 리더'라고 말한 잭 웰치이다.

전체를 아우르는 통합적 접근

인터넷의 발전은 세상을 하나의 시스템으로 연결시키고 있다. 소셜 네트워크 서비스의 활황으로 전세계 사람들은 더 이상 개별적 존재가 아니라 서로 영향을 미치고 상호 협력, 의존적 존재로 변하고 있다. 정치,

경제도 마찬가지다. 다른 나라의 정치, 경제 상황은 자국에도 엄청난 여파를 미친다. 미국발 글로벌 금융위기, EU의 경제위기는 이를 잘 말해준다. 그만큼 세상은 좁아지고 있고 하나의 시스템으로 돌아가고 있는 것이다.

이러한 시대를 슬기롭게 살기 위해서는 전체를 아우르는 통합적 접근에 의한 통합적 사고와 통찰력은 필수다. 다양한 분야의 전문 지식을 고루 갖춰야 한다. 즉 융합형 인재가 되어야 한다. 그래야 미래에 대해 예측이 가능하고 세상을 좀 더 깊게 이해 할 수 있다.

자동차를 예로 들어보자. 원래 자동차는 단순히 움직이는 기계로 시작했지만 이제는 전자전기 분야에 오히려 더 가까워지고 있다. GPS, 자동 항법 장치, 네비게이션 등 편리하고 간편한 IT 시스템이 장착되고 있다. 인체를 최대한 배려한 바이오 및 환경 기술과도 접목되는 등 기술의 융복합이 가속화되고 있는 추세다.

결국 시대가 전체를 아우르는 통합적 접근에 의한 통합적 사고와 통찰력을 요구하고 있는 것이다.

위의 통합적 사고 모형을 자세히 살펴보자.

전 지구적 관점Global Perspective

우주는 끊임없이 순환한다. 지구도 태양 주위를 끊임없이 돌고 있다. 이러한 우주의 순환 메커니즘이 보이지 않게 던지는 기운은 지구의 문명에도 그대로 영향을 미친다.

14세기에는 중국을 비롯한 아시아 국가가 세상을 지배했지만, 그 힘의 축이 지구가 순환하듯이 돌고 돌아 유럽과 미국을 거쳐 다시 아시아로 이동하고 있다.

그러므로 어떤 일을 분석 할 때는 전 지구적인 정치, 경제, 사회, 문화, 비즈니스 등에 대한 환경의 변화 흐름을 먼저 파악해야 한다.

국내 관점

전 지구적 관점에서 세상의 변화 흐름을 우선 파악 했다면, 그 다음으로 자국의 정치, 경제, 사회, 문화, 비즈니스 등에 대한 환경의 변화 흐름을 파악해야 한다.

조직 관점Organizational Perspective

그 다음으로, 자신이 속한 조직의 조직문화, 핵심가치, 핵심역량, 경쟁 및 상생우위 전략 등 유·무형의 자원의 상태를 면밀히 파악해야 한다.

자신 관점Me Perspective

마지막으로, 이러한 환경 속에서 살고 있는 나는 누구이며, 무엇을 추구하는지, SWOT과 핵심역량은 무엇인지를 치밀히 파악하여 삶을 개척해 나가야 한다.

즉 전지구적 관점에서 먼저 세상의 흐름을 파악하고, 그 다음으로 자신이 속한 국가와 조직을 분석한 후 그 속에 살고 있는 자신을 치밀히 이해한 후 삶을 개척해야 나가야 한다.

이제는 정치, 경제, 과학, 사회, 문화 등 모든 분야에서 통합이 일어나고 있기에 전체를 아우르는 통합적 접근에 의한 통합적 사고와 통찰력을 갖추지 않으면 성공은 고사하고 생존조차 힘들어지고 있다. 물론 이는 국가, 조직 그리고 개인 모두에 해당된다.

그렇기 때문에 현대는 전문지식과 더불어 다양한 분야에 대한 통찰력과 안목을 지닌 인재를 요구한다. 전문분야에 대한 노하우   와 노웨어   는 필수고, 경영, 경제 등에 대한 전반적인 지식도 겸비한 레오나르도 다빈치형 ㅠ 자형 인재가 되어야 한다.

대부분의 미래학자들이 예측하듯이, 2025년을 정점으로 미국 패권의 시대는 막을 내리고 모든 분야에서 아시아가 주도하는 세상이 올 것이다. 10년 ~ 15년 뒤를 내다본다면 이제 사업도 아시아에서 아시아인을 대상으로 핵심역량을 집중 할 때 보다 높은 수익을 창출할 수 있을 것이다.

조직 성공의 핵심은 비전 공유와 자발적 참여 유도

사람이든 조직이든 비전이 없으면 발전할 수도 없고 성공할 수도 없다. 또한 조직이 비전을 제대로 제시하지 못하거나 자신의 목표와 조직의 목표 사이에 괴리가 있으면 사람들은 떠난다. 사람은 우리가 생각하는 것과 달리 온전히 이성적이지 못하며 이기적인 유전자를 가진 이기적인 동물이며 기회주의적인 성향을 가지기 때문에 자신에게 이득이 되지 않으면 조직을 위해 열정을 갖고 헌신하려 하지 않는다.

그러니 조직이 성공하기 위해 맨 먼저 해야 하는 것은 모든 조직원에게 열정적 동기를 부여할 수 있는 비전을 세우고 그 비전을 조직원과 함께 공유하는 일이다. 비전은 되도록이면 장기적이며 대담하며 클수록 좋으며, 이를 뒷받침해주고 힘을 실어 줄 수 있는 조직 문화를 만들기 위한 조직의 핵심가치 를 정립하여야 한다. 한마디로 조직 성공의 첫 걸음은 조직원과 함께 할 수 있는 비전을 수립하여 개인과 조직을 그 비전과 함께 살아 숨쉬게 하는 것이다.

비전이 수립되었다면 그 다음으로 자발적인 참여를 유도할 수 있는 조직문화를 만들어 가야 한다. 억지로 시켜서 하는 일은 단기적으로 어떤 성과를 거둘 수 있을지 몰라도 장기적으로 지속 가능한 성과를 거둔 사례는 어디에도 없다. 그러므로 조직의 리더는 조직원을 어떻게 하면 자발적으로 참여하게 할 수 있을까를 고민해야 한다.

또한 사람은 이기적인 동물이기에 자발적인 참여를 유도 하기 위해서는 명확하고 공정한 보상체계가 있어야 한다. 칭찬 등의 내적인 보상이든 월급, 성과급 등과 같은 외적인 보상이든 명확하고 공정한 보상체계는 개인과 조직의 동반 성공을 통한 지속적인 성장을 가능케 하는 순선환의 메커니즘을 만들어 낸다.

경쟁우위를 넘어 지속적인 상생우위Sustained Cooperative Advantage는 공을 나눔에 있다

경쟁우위를 넘어 지속적인 상생우위를 가졌다 함은 지속적인 성공을 거두고 있다는 뜻이다.

일전에 타임지가 밀레니엄 세계 최고의 인물로 징기스칸을 뽑은 적이 있다. 인류 역사상 가장 큰 제국이며 가장 오랫동안 지속된 몽고의 창립자, 징기스칸. 이 몽고 제국이 이토록 오랫동안 유지된 비결로 강한 전투력, 신속한 이동력 등의 군사력도 한 몫을 했지만 전투에서 공이 생기면 왕이든 신하든 모두 똑같이 나누어 갖는 논공행상이 크게 작용했다. 전쟁에서 승리하면 지위고하를 막론하고 똑같이 나누어 가지기에 신하가 왕을 몰아내는 등의 배반을 할 특별한 이유가 없었던 것이다. 왕은 왕의 지위라는 권위를 가지는 대신 더 많은 봉사와 희생을 해야 했다. 이러한 논공행상으로 세계 역사상 유래가 없는 제국을 가장 오랫동안 유지할 수 있었다. 하지만 인류의 역사를 뒤돌아 보면 대부분의 사람들은 탐욕, 질투심과 이기심으로 남과 나누어 갖지 않고 혼자 독차지 하려 하다 보니 결국 조직과 자신 모두의 파멸을 초래하곤 했다.

그렇다면 어떻게 하면 상생우위를 지속적으로 유지할 수 있을까? 아래와 같이 해 보자.

지속적인 상생우위 전략

성과나 결과보다는 과정을 더 중요시 한다.
단기 성과에 집착하지 말고 장기적으로 멀리 본다.
개인보다는 조직의 성공을 우선시 한다.
직보다는 업에 몰두한다.
무엇이든 공정하게 나누어 가진다.

이러한 지속적인 상생우위 전략은 단기적으로 손해가 될 수 있어도 장기적으로는 자신과 조직을 더욱더 성장 발전시켜 자신과 조직 모두에게 지속 가능한 성공을 안겨준다.

사람이 단기 성과나 결과, 직책 혹은 직위 그리고 자신의 이익에만 몰두하면 추해 질 수 있고, 좁은 마음에 혼자 다 가지려고 하면 반드시 병탈이 나기 마련이다. 물론 단기 성과나, 결과, 직책 혹은 직위 그리고 자신의 이익을 우선시 하는 것을 무조건 나쁘게만 볼 수 없다. 하지만 더 큰 그림으로 일을 하게 되면 작은 것은 덤으로 따라 오지 않겠는가?

노자는 도덕경 2장에서 불거불거   라고 했다. 자신이 이룬 공과 업적에 머무르지 않을 때 그것은 영원히 내 것이 된다. 내 것, 내 자리에 집착하면 오히려 그것 또한 지키지 못하고 마는 것이 인생사다. 「인문의 숲에서 경영을 만나다」의 저자 정진홍은 그 자신을 직 보다는 업 에 몰두한 사람이라고 정의한다. 업에 몰두하면 직은 따라 오는 법이다. 직보다 업에 몰두하는 사람에게는 향기가 난다. 그 향기는 자신을 더욱 매력적인 사람으로 만들어 미래에 보다 아름답고 풍요로운 선물을 가져다 줄 것이다.

특히 우리가 알아야 할 점이 하나 있다. 나뿐만 아니라 생명을 가진 모든 사람과 만물은 다 성공하기를 원한다는 것이다. 그러므로 우리 각자는 경쟁우위를 넘어 지속적인 상생우위를 바탕으로 남과 함께 성공하여 지속 가능한 성공을 가능케 하는 삶을 도모해야 한다. 경쟁우위가 성공을 지속 가능케 하는 것이 아니라, 상생우위만이 지속 가능한 성공을 보장한다.

. . . .

윈스턴 처칠과 알렉산더 플레밍의 아름다운 만남

영국의 한 부자집 소년이 어느 시골로 놀러가 수영을 하다 발에 쥐가 나 익사 위기에 처했다. 이 때 근처에서 일하던 시골소년이 그를 구해줬다.

영국소년이 집으로 돌아와 아버지에게 이 사실을 말하자 아버지는 시골소년의 소원을 알아오게 했다. 시골소년의 소원은 의학공부를 하는 것이었다. 영국소년의 아버지는 그 시골소년이 의학공부를 할 수 있게 도와줬다.

시골소년은 후에 노벨의학상과 작위까지 받았으니, 그가 바로 페니실린을 발명한 알렉산더 플레밍이다. 그리고 영국소년은 훗날 명수상이 된 윈스턴 처칠이다.

윈스턴 처칠은 2차 세계대전 중 스탈린과 회담을 하러 소련에 갔다가 폐렴으로 죽을 위기에 처했다. 그런데 플레밍이 발명한 페니실린 덕분에 살아 날 수 있었다.

몰락하는 기업엔 징후가 있다. 개인도 마찬가지다

21세기 최고의 경영서 중 하나인 「좋은 기업을 넘어 위대한 기업으로」의 저자 짐 콜린스는 이 책에서 위대한 기업의 DNA를 분석했다. 그런데 짐 콜린스가 위대하다고 생각했던 기업 중 상당수가 현재 망했거나 어려움을 겪고 있다고 한다. 그래서 후속 저서인 「위대한 기업은 다 어디로 갔을까」에서 그 이유를 분석했는데, 위대한 기업은 대체로 다섯 단계를 거쳐 사라진다고 한다. 즉 위대한 기업은 1단계: 자만심–성공에 도취돼 스스로를 과대평가, 2단계: 욕심–원칙 무시, 핵심 인력 이탈, 3단계: 사실 축소 및 은폐, 4단계: 회생을 위한 극약 처방 및 구원 갈망, 5단계: 파산의 단계를 거쳐 망한다는 것이다.

몰락하는 징후가 나타나는 초기 단계인 1단계는 성공에 도취되어 스스로를 과대 평가하여 가장 자만심이 클 때다. 겉으로 보기에는 가장 성공한 모양새를 나타내지만 속으로는 이미 몰락의 징후가 서서히 나타나기 시작한다. 조직이든 사람이든 대부분 성공하게 되면 으레 성공에 도취돼 스스로를 과대평가하기 시작한다. 그래서 더 큰 욕심을 부리게 되고 타인과 타 기업을 무시하기까지 한다. 이러한 행위는 주변에 수많은 적을 양산해 부지불식간에 악순환의 고리를 만들어 내부의 자만심, 나태함, 거만함과 함께 외부의 시기 질투가 겹쳐 어느 순간 순식간에 곪은 것이 한꺼번에 터져 나오게 된다. 한번 터지면 마치 태풍에 댐이 무너지듯이 걷 잡을 수 없게 된다. 그리하여 구원의 손길을 갈망하지만 그 옛날의 자만심과 거만함을 익히 알던 사람들은 그 누구 하나 도와주려 하지 않을 뿐만 아니라 속으로 쾌재를 부린다. 결국 파산하여 망하고 만다.

성공 했을 때가 가장 위험하다

그래서 아놀드 J. 토인비   는 「역사의 연구」에서 이렇게 말했다. "한 대목에서 성공한 창조자는 다음 단계에서 또 다시 창조자가 되기 어렵다. 왜냐하면 이전에 성공한 일 자체가 커다란 핸디캡이 되기 때문이다. 이들은 이전에 창조성을 발휘했다는 이유로 지금의 사회에서 권력과 영향력을 행사하는 요긴한 자리에 있다. 그러나 그들은 그 지위에 있으면서도 사회를 전진시키는 일에 쓸모가 없다. 노 젓는 손을 쉬고 있기 때문이다."

한번은 '남자의 자격'이라는 프로그램에서 전 멤버가 모 대학 강단에 강사로 선 적이 있다. 모든 강의 중에서 단연 으뜸은 인생의 연륜이 깊이 벤 이경규씨의 강연이었다. 이경규씨는 자신이 한창 인기 있을 때는 결혼 하고 싶은 연예인 1위로 랭크 된 적도 있었지만, 인기에 취해 멋도 모르고 까불다가 뼈아픈 인생의 실패를 맛 보았음을 실패한 자신의 영화인 「복수혈전」을 비유해 이야기했다. 연예인들도 대개 각종 TV의 연예대상을 받고 나면 어느 순간 많은 분들이 TV에서 흔적도 없이 사라진다고 한다. 지금의 일본을 보라. 일본은 최고의 정점에서 더 이상 발전하지 못하고 잃어버린 10년이 20년이 되었고 세계 경제의 2위 자리를 중국에 내주더니 결국 회복 불능의 상태로 가고 있다.

전술한 기술 수용 주기에서도 알 수 있듯이, 특정 기술이 제일 많이 사용되고 있을 때는 주류 시장   단계이다. 그런데 이 단계는 맨 꼭대기고 그 이후는 쭉 내리막길이다. 보통 개미들이 주식을 하면 돈을 잃는 이유가 바로 이 최고점 근처에서 투자를 하기 때문이다. 진짜 돈을 벌려면 성공의 조짐이 이제 막 들어 나려는 초기 단계인 볼링앨리 정도의 시점에 투자를 해야 한다. 왜냐하면 이 단계는 물리학의 관성의 법칙에 의해 발전이 한동안 지속되는 상승추세로 이어질 수 있기 때문이다.

혹자들은 석유가 완전히 고갈되었을 때 전 세계적으로 심각한 문제가 발생할 것이라고 말한다. 그런데 이것은 정말 큰 오산이다. 언제 문제가 발생하느냐 하면 석유 생산이 최고조에 달했을 때부터이다. 왜 그럴까? 석유 공급이 갑자기 감소되어도 수요는 갑자기 감소할 수 없기 때문이다. 갑자기 석유가 부족해지면 석유 가격이 폭등하면서 서로 먼저 많이 차지 하려고 싸움이 벌어진다. 급기야는 전쟁으로 번지고 만다.

나폴레옹이 "성공했을 때가 가장 위험하다"고 하였듯이 언제나 실패는 최고의 정점에서 잉태되고 있음을 반드시 명심해야 한다. 그러므로 성공했다면 살얼음을 걷듯이 조심 조심해야 한다. 그래야만 더 큰 성공, 지속 가능한 성공을 이룰 수 있다.

창업創業보다 수성守成이 더 어렵다

중국의 당태종   이세민의 치세(627~649)는 방현령, 위징 등의 명재상의 보필을 받아 '정관   의 치 '를 이루어 오늘날까지 훌륭한 정치의 모범으로 추앙 받고 있다. 정관 10년에 당태종은 대신들에게 "창업   과 수성   중에서 어느 쪽이 더 어려운가?"라고 물었다. 이에 위징은

"예로부터 임금의 자리는 간난 속에서 어렵게 얻어 안일 속에서 쉽게 잃는 법이라고 합니다. 그런 만큼 창업   보다는 수성   이 더 어렵습니다"라고 대답했다. 삼성그룹을 일군 호암 이병철도 그의 자서전에서 "사업을 일으키는 것은 쉽지 않지만 이미 이룩해 놓은 사업을 지켜간다는 것은 그 이상 어렵다"고 적고 있다.

그럼 어떻게 하면 이렇듯 성공보다 어렵다는 이룬 것을 지키는 수성을 잘 할 수 있을까?

· · · ·

수성 전략

이루기 힘든 비전과 장기적인 목표를 세우라.
안이한 상태에 놓이는 것을 항상 경계하라.
자만심과 교만한 마음은 반드시 무찔러야 할 최고의 적이다.
경쟁우위 전략을 넘어 남과 함께 성공할 수 있는 상생우위 전략을 취하라.

즉 이룬 것을 잘 지키기 위해서는 우선 이루기 힘든 큰 비전과 장기적인 목표를 세워 끊임없이 자신을 연마하고 노력하게 만들 필요가 있으며, 작은 성공에 도취되어 안이한 마음이 생기고 남을 무시하는 등의 나쁜 말과 행동을 항상 경계해야 한다. 또한 성공하면 의례 생기는 자만심과 교만한 마음을 반드시 마음 속에서 제거 해야 한다. 마지막으로 경쟁우위 전략을 넘어 남과 함께 성공할 수 있는 상생우위 전략을 취해야 한다. 만일 개인이든 조직이든 어렵게 이룬 성공을 자만심과 교만한 마음으로 인하여 이를 지키지 못하였다면 창조적 파괴　　　　　를 통한 온전한 자기 혁신만이 다시 한 번 재기 할 수 있는 유일한 길이다.

자, 창업보다 어렵다는 수성을 멋지게 이뤄 아름답고 풍요로우며 견고한 지속 가능한 성공을 자신의 것으로 만들자.

· · ·

벤저민 프랭클린의 겸손

벤저민 프랭클린은 미국 건국 초기의 지도자로 주요 요직을 두루 거친 인물이다. 하지만 그는 학교를 2년 정도 밖에 다니지 않았다. 22살이었을 때 그는 12가지의 좌우명을 만들었다.

첫째– **절제**: 과식 과음을 하지 않는다.

둘째– **침묵**: 자신과 타인에게 도움이 되지 않는 말을 하지 않는다.

셋째– **질서**: 물건을 제자리에 놓고 일은 알맞은 시간에 한다.

넷째– **결단**: 해야 하는 일은 꼭 완수한다.

다섯째– **절약**: 비싼 것은 절대 사지 않는다. 타인과 자신에게 좋은 것만 산다.

여섯째– **근면**: 시간은 헛되이 보내지 않는다.

일곱째– **성실**: 남을 해치는 술수는 사용하지 않는다.

여덟째– **정의**: 남의 권리를 침해하거나 남에게 손해를 입히지 않는다.

아홉째– **중용**: 극단은 피한다.

열째– **청결**: 몸, 옷, 집이 불결한 것은 절대 용납하지 않는다.

열한번째– **평정**: 사소한 일에 화내지 않는다.

열두째– **순결**: 성을 남용하지 않는다.

프랭클린은 이 12가지 좌우명을 적어서 스승에게 보여줬다. 그러자 스승은 이렇게 대답했다.

"다 좋은데 한가지 빠졌네. 바로 '겸손'말일세."

위에서 이야기 한 것을 간략히 정리하면 아래와 같다.

전체를 아우르는 통합적 접근에 의한
통합적 사고와 통찰력을 갖춘다.

지속적인 상생우위 전략을 취한다.

수성 전략으로 아름답고 풍요로우며 견고한
지속 가능한 성공을 만끽한다.

폭넓은 독서를 통해 미래에 컴퓨터가
대중화 될 것을 예견하다.

마이크로소프트를 설립해 보다 나은 세상을
만드는데 기여하다.

퇴임 후 빌 & 멜린다 게이츠 재단을 설립하여 보다 나은
세상을 만들기 위해 다양한 자선 활동을 하다.

몸담고 있는 분야에 성공했다면 마지막으로 어떻게 하면 그 성공을
지속 가능케 할 수 있는지를 고민해야 한다.

지속 가능한 성공을 위한
우리의 여섯 번째 결의

지금 세상은 너무도 복잡하다. 동시에 하나의 시스템으로 연결되고 있다. 그렇기에 전체를 아우르는 통합적 접근에 의한 통합적 사과와 통찰력을 갖춰야 이러한 시대를 슬기롭게 헤쳐 나갈 수 있다.

이를 위해 나는 한 두 분야 이상의 전문지식과 더불어 경영, 경제 등 다양한 분야에 걸친 폭넓은 지식도 함께 갖출 것이다.
레오나르도 다빈치 같은 21세기 융합형 인재가 될 것이다.

물론 내가 원하는 성공은 일시적인 성공이 아닌 지속 가능한 성공이다. 그러므로 모든 말과 행동은 상생에 근거해 행할 것이다. 즉 아래와 같은 지속적인 상생우위 전략을 취할 것이다.

"성과나 결과보다는 과정을 더 중요시 한다.
단기 성과에 집착하지 말고 장기적으로 멀리 본다.
개인보다는 조직의 성공을 우선시 한다.
직보다는 업에 몰두한다.
무엇이든 공정하게 나누어 가진다."

더불어 아래와 같은 수성 전략을 통해 아름답고 풍요로우며 견고한 지속 가능한 성공을 꼭 이루고 말 것이다.

"이루기 힘든 비전과 장기적인 목표를 세우라. 안이한 상태에 놓이는 것을 항상 경계하라. 자만심과 교만한 마음은 반드시 무찔러야 할 최고의 적이다. 경쟁우위 전략을 넘어 남과 함께 성공할 수 있는 상생우위 전략을 취하라."

제 7단계: 상생 – 역사에 길이 남으라

너와 나는 원래 하나다. 저자

사람들은 치열한 경쟁이 빚어내는 온갖 부작용과 문제점에 지쳤다. 상생에 기반한 지속 가능한 성공만이 이러한 부작용과 문제점을 근원적으로 힐링하여 브랜드유Brand U를 넘어 러브유Love U로의 작품 인생을 열어줄 것이다.

이 시대의 화두! 상생

요즘 TV, 신문 등 어디서나 상생(上生)이라는 말을 자주 듣는다. 사전에는 "상생을 생태학에서 파생된 개념인 공존   이나 공생   보다 더욱 포괄적이고 적극적인 의미를 갖는다"고 정의한다.

하지만 이 말의 기원을 아는 사람은 별로 많지 않은 것 같다. 상생은 상극   의 반대되는 개념으로 음양오행설에 그 기원을 두고 있다. 동양철학에서는 우주변화의 원리를 음양   의 조화와 대립으로 파악하고, 이를 다시 목화토금수   라는 다섯 가지 근본적인 요소인 오행의 작용법칙으로 설명한다. 상생은 오행 관계에서 서로 도와주는 작용을 말한다. 반면 상극은 오행의 관계에서 서로 극하는 이치를 말한다. 물과 불은 대표적인 상극이다.

인류는 역사 이래 끊임없이 서로 반목하고 투쟁해 왔다. 인류 역사 전체가 상극이었던 셈이다. 물론 그 속에서 엄청난 발전을 이룬 것도 사실이다. 하지만 발전에 비해 인류의 불행은 그칠 줄 몰랐다.

근래에 상생이라는 말이 자주 회자되고 있는 현상은 매우 바람직하다. 전혀 다른 새로운 기운이 꿈틀거리며 새싹을 틔우고 있다. 상극의 역사를 끝내고 상생의 세상으로 나아가고 있음을 방증하고 있는 것이다. 하지만 상생은 말로만 외친다고 되는 것이 아니다. 적극적인 실천과 자기희생이 선행되지 않으면 빛 좋은 개살구에 지나지 않는다.

그러므로 상생은 나를 버림으로부터 시작된다.

기업의 사회적 책임과 상생경영

많은 기업들이 언제부턴가 상생경영을 외치고 있지만 치열한 생존 경쟁에서 살아남아야 하는 기업으로써는 이것이 쉽지만은 않다. 그렇다고 기업이 사회적 책임을 완전히 도외시 한다면 부정회계로 하루 아침에 몰락한 거대 기업 앨론과 같은 말로를 맞이하고 말 것이다.

기업이 상생경영을 통해 사회적 책임을 다하지 않는다면 아무리 훌륭한 제품과 서비스도 소비자로부터 외면 당할 수 있다. 그렇게 되면 좋은 기업, 위대한 기업은 고사하고 결국 하루 아침에 추락하여 몰락할 수 있다.

이제는 우리나라도 사회를 위해 이익을 창출하고 사회를 위해 봉사하는 사회적 기업가가 많이 배출되어야 할 때다. 최초의 사회적 기업가이며, 아쇼카   재단의 창업자 빌 드레이튼   는 우리나라에서 사회적 기업가를 많이 배출 하기 위해서는 새로운 아이디어와 도전 정신 그리고 사회적 문제를 적극적으로 개선하려는 시도에 관대한 문화적 배려가 필요하다고 조언한다.

사회적 문화로부터의 근원적 변화가 선행되지 않으면 사회적 기업도 상생도 불가능하다. 또한 사회적 문화의 변화는 조직문화뿐만 아니라 1인 창조 기업의 개인문화 차원으로부터 근본적 변화가 선행될 때 그 빛이 더할 것이다.

그래도 상생이다

현 시대는 모든 국가, 사회, 기업이 하나의 공동 운명체로 서로 유기적으로 긴밀히 연결되어 있어 서로의 생존에 직간접적인 영향을 미친다. 그렇기 때문에 만일 사회적 책임을 다하는 상생의 마인드가 아닌 서로 극하는 상극의 마인드를 갖는다면 언젠가 그 보복을 당하게 된다.

개인의 경우도 마찬가지다. 예전에는 한 개인은 그저 바닷가의 모래알 같은 하찮은 존재였으나, 이제는 인터넷과 같은 정보기술(IT)의 발전으로 그 하찮은 모래알을 쓸모 있는 찰흙으로 뭉칠 수 있게 되었다. 그만큼 개개인의 힘이 집단의 힘에 버금 갈 정도로 증대되고 있다.

일례로, 리눅스 운영체제, 애플의 앱스토어, 위키피디아 같은 경우 개개인의 힘이 모인 집단지성으로 만든 최고의 작품이다. 아마존이나 유투브에서 예전에는 전혀 가치가 없었던 희귀한 책이나 동영상이 긴 꼬리를 형성하듯이 무수히 모여 생각지도 못한 엄청난 매출을 올리기도 한다. 이는 "결과물의 80%는 조직의 20%에 의하여 생산된다"라는 파레토 법칙Pareto's Law 에서 "80%의 사소한 다수가 20%의 핵심 소수보다 뛰어난 가치를 창출할 수 있다"는 롱테일 법칙Long Tail Theory로 옮겨가고 있음을 시사한다.

개개인이 모여 형성된 집단의 힘이 곧 상생의 세상을 앞당기고 있는 것이다.

미국의 경우를 예로 들면, 두 사람이 공동 창업해 서로 부족한 점을 매워 주는 상생정신을 통해 글로벌 대기업을 만든 사례가 매우 많다. 마이크로소프트, HP, 구글 등 우리들이 알고 있는 대부분의 유명한 회사들이 모두 그렇다.

이제 우리도 상생의 새 시대를 맞이하여 성공해서 사람과 세계 그리고 미래에 돌려주자. 상생이 곧 결론이다.

• • •

기러기의 상생정신

당신은… 먹이와 따뜻한 곳을 찾아
40,000km를 날아가는 기러기를 아십니까?

기러기는 리더를 중심으로
V자 대형을 그리며 머나먼 여행을 합니다.

가장 앞에 날아가는 리더의 날갯짓은
기류에 양력을 만들어 주어

뒤에 따라오는 동료 기러기가
혼자 날 때 보다 71%정도
쉽게 날 수 있도록 도와 줍니다.

이들은 먼 길을 날아가는 동안
끊임없이 울음소리를 냅니다.

그 울음소리는
앞에서 거센 바람을 가르며 힘들게 날아가는
리더에게 보내는 응원의 소리입니다.

기러기는 40,000km의 머나먼 길을
옆에서 함께 날개 짓을 하는 동료를
의지하며 날아갑니다.

만약 어느 기러기가
총에 맞았거나 아프거나 지쳐서
대열에서 이탈하게 되면...

다른 동료 기러기 두 마리도
함께 대열에서 이탈해

지친 동료가 원기를 회복해
다시 날 수 있을 때까지...

또는 죽음으로
생을 마감할 때까지...

동료의 마지막까지 함께 지키다
무리로 다시 돌아옵니다.

톰 워샴(Tom worsham), 《 기러기 이야기 》

세상의 말

브랜드유, 내가 곧 브랜드다

톰 피터스는 그의 저서 「미래를 경영하라」에서 '인재=브랜드'라고 했
다. 즉 회사의 브랜드처럼 '개개인도 하나의 브랜드다'라고 선언한 것이
다. 또한 그는 평생 직장의 개념은 이미 무너진 지 오래고, 대기업도 더

이상 안정된 직장이 아니며, 평균 6개 이상의 직장과 2~3개의 직업을 갖는 시대가 올 것이라고 예측했다. 다시 말해 우리는 직업적 삶의 대부분을 일종의 자기고용 상태에서 보내게 된다는 것이다.

이러한 톰 피터스 주장의 핵심은 우리는 독립 계약자이며, 이제는 생존 경쟁에서 살아 남으려면 회사 브랜드처럼 개인 자신도 브랜드화 하지 않으면 살아남기도 성공하기는 더욱 힘들다는 것이다. 그런데 실제로 이러한 현상은 이미 나타나기 시작했다.

우리는 대개 빌게이츠 = Microsoft, 스티브 잡스 = Apple라는 등식이 자연스럽게 머리에서 연상이 된다. 빌게이츠나 스티브 잡스가 회사를 창업해 세계 최고의 회사를 만들면서 그들은 조금도 자신과 회사를 별개로 보지 않았을 것이다. 당연히 빌게이츠나 스티브 잡스 자체가 이미 하나의 브랜드요 회사 자체인 것이다. 회사를 자신과 동일시하여 자신의 모든 영혼을 담아 승부했기에 오늘날과 같은 세계 최고의 글로벌 대기업을 만들 수 있었던 것이다.

이러한 브랜드유인들은 자신의 이름을 그대로 브랜드로 사용하는 특징이 있다. 예술가뿐만 아니라 국내외의 수많은 1인 1기업가들도 이미 자신의 이름을 내걸고 사업 혹은 작품 활동을 해 브랜드유의 삶을 살고 있다.

브랜드유의 삶을 사는 사람은 직장생활도 남다르다. 왜냐하면 직장에서 이루어지는 모든 업무는 자신의 브랜드 곧 자기 자신이기 때문이다. 자신의 이미지와 직결되는 업무를 게을리 할 사람은 아마 이 세상에 아무도 없을 것이다. 그러므로 직장 생활을 통해 자신의 브랜드를 구축하여 자신의 가치를 높이고 자아를 실현할 수 있도록 생각을 전환해야 한다.

남다른 차별적인 생각이 나만의 브랜드를 만들 수 있다

그동안 우리나라 교육의 가장 큰 문제점으로 지적된 것은 바로 획일적인 암기식 교육이다. 과거 선진국을 따라잡기 위해 우리나라는 추격전략을 썼다. 그렇기 때문에 선진국의 기술을 그대로 모방하여 단기간에 우리에게 적용하려면 암기식 교육이 단연 최고의 방법이었다. 하지만 이제는 현실이 다르다. 이미 우리는 선진국으로 분류되어 있다. 이제는 선진국을 따라 잡아야 할 때가 아니라 발상의 전환, 창조적인 아이디어와 혁신적인 기술을 통해 세계를 리드해 나가야 할 때다. 이러한 때에 아직도 암기식 교육과 모방에 매달려 있다면 반드시 도태하고 만다. 물론 개인의 경우도 마찬가지다.

단 140자로 휴대폰과 인터넷으로 세상과 소통하는 트위터의 창업자 비즈 스톤은 미국 동부 보스턴 태생으로 웰슬리 고등학교를 중퇴하여 대학교에는 문턱에도 가보지 못했다고 한다. 정식 교육을 받지 않은 것이 오히려 기존 틀과 규제를 뛰어넘는 창의력을 지니게 하여 트위터 같은 혁신적이며 독창적인 작품을 만들어 낸 것이다. 이렇듯 남과 다른 생각, 남과 차별적인 생각을 가져야만 세상을 바꾸고 리드 할 수 있는 새로운 것을 창조 할 수 있다.

러브유로 거듭나 세상의 빛이 되자

전쟁과 폭정으로 신음하던 11세기 중엽, 영국 어느 지방의 영주 레오프릭의 가혹한 세금으로 농민들이 신음할 때, 영주의 부인인 젊은 나이의 고디바   는 농민을 위해 세금을 경감해달라고 애원했다. 그러나 영주는 실오라기 하나 걸치지 않은 채 말을 타고 마을을 한 바퀴 돈다면 이를 들어주겠다고 얼음장을 놓았다.

이에 고디바는 여자로서의 치욕과 모욕을 무릅 쓰고 그대로 실행에 옮겼다. 이 때 마을 사람들은 영주 부인에 대한 존경심의 의미로 집의 창문을 모두 닫았다고 한다. 결국 고디바의 희생 정신에 의해 농민들은 세금을 경감 받을 수 있게 되었다. 이후 해마다 코번트리에서는 고디바의 숭고한 뜻을 기려 축제가 열리는데, 이 고디바 축제에서 착안하여 만든 초콜릿이 그 유명한 '고디바 초콜릿'이다. 이 고디바 코콜릿에는 상생의 마인드로 러브유로의 삶을 살다간 고디바의 인간에 대한 뜨거운 사랑이 오늘도 살아 숨쉬고 있다.

'Dont' Cry for Me, Argentina'라는 노래를 통해 우리에게 너무도 잘 알려진 에바 페론   은 1919년 아르헨티나의 시골 빈민가에서 사생아로 태어나 갖은 고생을 하며 자랐다. 그러나 우연히 아르헨티나 노동복지부 장관 후안 페론을 만나 사랑에 빠지면서 새로운 인생을 맞게 된다. 이후 에바 페론의 눈물겨운 내조 덕에 후안 페론이 대통령에 당선 되면서 에바 페론은 영부인이 된다.

영부인이 된 후, 에바 페론은 그 전과 전혀 다른 매우 검소한 생활과 국민을 위한 삶을 살아 국민들은 그녀를 '성녀 에비타'로 불렀다. 안타깝게도 가난하고 병든 사람을 항상 가까이 한 에바 페론은 33세의 젊은 나이에 암으로 세상을 뜨고 말았다. 그러나 에바 페론의 국민을 향한 아름답고 성스러운 삶 때문에 '성녀 에비타'로 아직도 아르헨티나 국민의 마음 속에 뜨겁게 자리 잡고 있다.

그 옛날 고디바나 에바 페론처럼 나만이 잘 되기 보다는 남도 잘 되는 아니 남이 더 잘 되게 하는 인생을 살아 세상의 빛 같은 존재인 러브유가 된다면 진정 값진 삶이 아니겠는가? 분명 이런 삶은 세상이 기억할 것이다.

• • • •

브랜드의 미래, 러브마크

언제부터인지 나는 계속 똑 같은 헤드&숄더 샴푸만을 고집해 왔다. 우습지 않은가? 헤드&숄더는 비듬제거용이고 실제 효과가 있지만, 난 비듬은 고사하고 머리카락도 없는데! 그래도 나는 헤드&숄더 샴푸가 좋다. 앞으로도 다른 샴푸로 바꾸는 일은 없을 것이다.

이것이 나의 러브마크다.

정보	관계
소비자에게 인지됨	대중에게 사랑받음
보편적인	개인적인
일반적으로 설명하는	러브스토리를 창조하는
품질에 대한 약속	감각적인 터치
상징화	아이콘화
규정된	고취된
진술	이야기
속성을 규정하는	신비에 쌓인
가치	마음
전문적인	열정적이며 창의적인
광고 대행사	아이디어 컴퍼니

올바른 역사의식

이건희 삼성 회장은 항상 10년 후의 먹거리를 걱정하며 사업을 한다고 한다. 기업도 10년 앞을 내다보는 안목과 장기 전략이 없다면, 미래 사업에 대한 방향을 상실해 생존이 어려울 수 있고, 위대한 기업도 내부의 자만심과 외부의 경쟁 상대에 의해 위대한 기업에서 더 이상 성장하지 못하고 도태될 수 있다.

마찬가지로 이제는 개인이든, 기업이든, 국가든 중단기적인 전략과 경쟁우위 전략을 넘어 올바른 역사의식과 상생우위 전략을 바탕으로 임할 때 비로소 지속 가능한 성장을 이룰 수 있다.

여기서 역사의식이란 어떠한 사회 현상을 역사적 관점이나 시간의 흐름에 따라 파악하고, 그 변화 과정에 주체적으로 관계를 가지려는 의식을 말한다. 그러므로 올바른 역사의식이 없으면 세상을 길게 보지 않아 순간의 이익을 위해 온갖 편법과 불법을 자행하는 것을 주저하지 않는다. 그러니 장기적이며 지속 가능한 성과를 거두기는 하늘에 별따기다.

하지만 역사의식이 있는 주체는 다르다. 개인이든 기업이든, 국가든 그의 일거수일투족을 역사가 기억하고 이를 기록한다는데 누가 편법과 불법을 자행해 스스로를 망치겠는가? 그렇기 때문에 개인이든, 기업이든, 국가든 올바른 역사의식을 바탕으로 세상을 길게 봐야 한다. 역사의식을 바탕으로 한 상생우위 전략은 지속가능성에 대한 필요 조건이다.

노블레스 오블리주_{Noblesse Oblige}

이러한 역사 의식 외에도 지속 가능성에 또 다른 필요 조건이 있으니 초기 로마시대에 왕과 귀족들이 보여 준 투철한 도덕의식과 솔선수범하는 공공정신에서 비롯된 높은 사회적 신분에 상응하는 도덕적 의무를 뜻하는 '노블레스 오블리주'가 그것이다.

현대에는 이러한 도덕의식이 계층간 대립을 완화 할 수 있는 수단으로 여겨진다. 특히 영국의 경우에는 고위층 자제가 1차, 2차 세계대전에 직접 참가했고, 왕세자도 군복무에 자원 입대하기도 했다. 중국의 경우에도, 마오쩌둥의 아들이 6.25전쟁에 직접 참전하여 전사하기도 했다. 12대 400년간 만석군의 부를 유지하면서 노블레스 오블리주를 실천한 육훈과 육연의 가훈으로 유명한 경주 최부자집! 최근에는 전재산을 모두 사회에 환원하였다고 하니 우리나라뿐만 아니라 세계에서도 보기 드문 노블레스 오블리주를 실천한 경우다.

미국의 경우에도 이러한 노블레스 오블리주의 삶이 몸에 밴 위대한 분들을 많이 만날 수 있다. 세계 최고의 투자자 웨런 버핏, 마이크로 소프트의 창립자 빌게이츠와 공동 창업자인 폴 앨런! 이들은 하나같이 거액의 재산을 사회에 환원하여 노블레스 오블리주의 삶을 실천하고 있다.

또한 이들보다 더욱 더 아름다운 노블레스 오블리주의 삶을 실천하고 있는 사람이 있으니, 그가 바로 지난 20년간 남몰래 40억달러 (약 5조원)를 기부한 미국에서 가장 위대한 자선 사업가인 척 피니다. 그는 뉴저지주 아일랜드계 육체노동자 가정에서 태어나 우산팔이 등 어린 시절부터 갖은 고생을 하며 자수성가한 인물이다. 한국전쟁에 참전하기도 한 그는 대학 졸업 후 프랑스로 건너가 면세점 일을 하면서 세계적인 소매 면세점 듀티 프리 쇼퍼스(DFS)를 창업하여 전 세계의 '면세점 신화'를 만들어 억만장자가 되었다. 그러나 그는 남몰래 전재산을 기부한 억만장자가 아니었던 억만장자이다. 로이터 통신은 "미국에서 가장 위대한 자선사업가는 마이크로소프트 황제 빌 게이츠도, 전 재산의 85%를 기부한 전설적 투자자 워런 버핏도 아닌 DFS 창업자이며 아일랜드계 자산사업가인 척 피니다"라고 했다. 그는 실제로 집도 차도 없고 15달러짜리 시계를 차고 허름한 식당에서 식사를 하는 검소한 사람이다. 돈을 버는 것은 좋아했지만, 돈을 소유하지 않은 그는 "내게는 절대 변하지 않는 생각이 하나 있었습니다. 부는 다른 사람을 위해 사용해야 한다는 겁니다" 라고 말하여 우리에게 어떻게 돈을 벌지 보다는 어떻게 돈을 써야 하는지에 대한 아름다운 모델을 제시해 주고 있다.

이러한 분들은 대개 자식에게 재산 대신에 지혜를 물려줘 자립심을 키워 스스로 인생을 개척하여 사회에 이바지 할 수 있는 일을 하길 바란다. 삶의 매 순간 순간을 열정적으로 살다가 죽는 순간마저도 인생을 멋지게 마무리하여 역사에 길이 남을 러브유의 삶을 실천한 이들의 헌신과 봉사 정신에 뜨거운 경의를 표한다.

상생을 바탕으로 한 성공만이 역사에 길이 남는다

용인술   에 대해 5천년 중국 역사 최고의 인재 활용 경전인 렁청진의 「변경   」이라는 책과 최근 뉴욕 타임즈 베스트 셀러인 로버트 그린의 「권력의 법칙」이라는 두 권의 책이 유명하다.

한 책은 인간의 밝은 면을 위주로 하여 쓴 책이고, 다른 한 책은 인간의 어두운 면을 위주로 하여 쓴 책이다. 실제로 인간은 때로는 악하기도 하고 때로는 선하기도 하여 선악의 양면을 동시에 가지고 있다. 미국의 심리학자이자 경영학자인 더글러스 맥그리거　　　　　는 이러한 인간의 양면성에 기초하여 조직에서의 인간완성과 자기실현을 위한 방편으로, 통제관리를 위해 채찍을 사용해야 한다는 X이론과 자발적 동기부여를 위해 당근이 필요하다는 Y이론을 동시에 제창했다.

인간정신은 우주정신에 상응하여 이러한 마음의 두 축이 때로는 갈등을 일으키고도 하고 때로는 협력을 하기도 하면서 서로 맞물려 끊임없이 돌아가고 있다. 그렇기 때문에 세상도 인생도 항상 이 두 축을 동시에 이해하고 고려하여 때에 맞는 중(中)를 잘 잡고 행해야 뜻하는 바를 이룰 수 있다.

그러나 우리가 간과 하지 말아야 할 것은 이제 우주 에너지가 양적 성장 일변도의 팽창에서 질적인 통일과 완성으로 나아가는 이 때는 악의 측면의 경쟁보다는 선의 측면의 상생을 바탕으로 한 성장을 추구하여야만 지속 가능한 성공을 이룰 수 있으며 역사에도 길이 빛난다는 점이다.

칼레 시민의 노블레스 오블리주

'노블레스 오블리주'라는 말의 기원은 14세기, 프랑스, 영국간의 백년전쟁 (1337~1453) 때로 거슬러 올라간다. 백년전쟁은 프랑스의 왕위 계승 문제가 발단이 되어 영국과 프랑스 사이에 벌어진 전쟁이다. 영국 왕 에드워드 3세는 1346년 크레시 전투에서 프랑스 군을 격파한 뒤 여세를 몰아 칼레 (Calais)로 진격해 포위했다. 1년여 동안 완강하게 저항하던 칼레는 1347년 마침내 항복했다.

영국와 에드워드(Edwward 3세는 칼레시민들의 거센 반항에 분노하여 도시 전체를 쑥대밭으로 만들려다 생각을 바꿔 '모든 시민을 살려내기 위해서는 그동안의 반항에 대한 책임을 지기 위해 6명의 사람이 처형당해야 한다'는 요구 조건을 제시했다.

어느 누구도 선뜻 나서려는 사람이 없었다. 바로 그때 한 사람이 천천히 일어나 "내가 그 6명 중 한 사람이 되겠소"라고 말했다. 칼레 시에서 가장 부자인 외스타슈 드 생피에르였다. 그러자 뒤이어 시장, 법률가, 상인 등의 귀족 5명이 함께 나섰다.

다음날 목에 밧줄을 걸고 처형장에 나온 6인은 교수대로 무거운 발걸음을 옮겼다. 그런데 임신 중이었던 왕비가 왕에게 장차 태어날 아기를 생각해 그들을 살려 달라고 간청해, 왕은 결국 6인의 시민을 살려줬다.

이들 6인의 용기와 희생정신은 높은 신분에 따른 도덕적 의무인 '노블레스 오블리주'의 상징이 되었다.

위에서 이야기 한 것을 간략히 정리하면 아래와 같다.

지속 가능한 성공은 상생에 있음을 명심한다.

브랜드유를 넘어 러브유로 거듭나
세상의 빛과 같은 존재가 된다.

상생은 결론이며 우리 모두의 보다 나은 삶을
위한 또 다른 출발점이다.

모든 일에 상생의 마인드로 임한다.

사랑의 아이콘으로 거듭나
세상의 빛과 같은 존재가 된다.

나와 우리 모두의 지속 가능한 성공을 위해
상생 자체가 된다.

상생은 결론이며 보다 나은 인생의 또 다른 출발점이다. 그러므로 지속 가능한 성공은 상생으로 시작해 상생을 바탕으로 행하며 그 끝맺음도 상생이어야 한다.

지속 가능한 성공을 위한
우리의 일곱 번째이자 마지막 결의

—

나는 일시적인 성공이 아닌 지속 가능한 성공을 추구한다.

그러니 얄팍한 술수나 트릭을 써서 성공하지 않을 것이다.
모든 일에 마음을 바로 해 진심과 상생의 심법으로 임할 것이다.

그렇다면 언젠가 나는 내 삶의 주인공이면서 동시에 모두를 행복하게 하는
사랑의 아이콘으로 거듭나 세상의 빛과 같은 존재가 될 것이다.

상생은 내 삶의 결론이자 우리 모두의 보다 나은 삶을 위한 출발점이다.

성공,
그까짓 것

아는 것을 실천하는 것이 진정한 힘이다

우리는 '나를 빛나게 바꾸는 7단계 황금 마법'을 통해 어떻게 하면 지속 가능한 성공을 할 수 있는지 명확하게 알았다. 영국의 철학자 프랜시스 베이컨Francis Bacon, 1561~1626은 "아는 것이 힘이다Knowledge is Power"라며 지식의 중요성을 강조했다. 물론 아는 것은 매우 중요하다. 하지만 세상은 아는 것만으로는 부족하다. 아는 것은 단지 세상을 통찰하는데 필요한 힘의 근원일 뿐이다. 이는 진정한 힘이 될 수 없다. 힘이라는 것은 실제로 어떠한 작용이 일어날 때 생긴다. 그렇기 때문에 진정한 힘은 아는 것을 실천하는데 있다.

괴테는 이렇게 말했다. "아는 것만으론 부족하다. 반드시 적용시켜야 한다. 소망으로는 부족하다. 반드시 실행 해야 한다.Knowing is not enough! We must apply. Willing is not enough! We must do." 실천을 강조한 괴테의 말은 진실로 명언이다.

그런데 실천은 말처럼 그렇게 쉽지 않다. 세상의 어느 누가 자신의 꿈을 이루는데 작심삼일   로 끝나길 원하겠는가? 한 사람도 없을 것이다. 그렇다면 어떻게 해야 실천을 통해 진정한 힘을 얻을 수 있을까? 쉽지는 않지만 분명히 방법은 있다.

첫째, 꿈이 명확해야 한다. 물론 사명을 확실한 짝으로 둬야 한다. 꿈과 사명이 명확하면 절대 지치지 않는다. 나아가 꿈과 사명이 크고 원대하면 더욱 좋다. 평생 이루고자 하는 꿈을 가져 보라. 언제나 살아 숨쉰다. 아침이 기다려지고 하루가 즐거워질 것이다. 사실 꿈과 사명에서 모든 것이 결정된다. 그 이루고자 하는 꿈을 생각할 때 어찌 실천을 하지 않겠는가? 이 꿈과 사명이 바로 실천의 지극한 원동력이다.

둘째, 행동지침인 신조가 필요하다. 좌우명 정도로 생각하면 된다. 삶의 대한 신조를 꼭 기록해서 몸에 지니고 다니면 좋다. 힘들 때마다 삶을 일으켜 세우는 촉매로 작용할 것이다.

셋째, 삶의 기둥이 튼튼해야 한다. 비록 꿈과 사명이 명확하고, 크고 원대하더라고 삶의 기둥이 튼튼하지 않으면 실천력은 그만큼 약해진다. 그렇다면 삶의 기둥에는 어떤 것이 있을까? 우선 건강해야 한다. 정신적으로 육체적으로 건강하지 않은데 실천이 될 리가 만무하다. 또 어느 정도 돈도 있어야 한다. 자본주의사회에서 생존하고, 뭔가를 하려면 풍족하지는 않지만 종자돈 정도는 있어야 움직이며 행동에 옮길 수 있다. 독서를 통한 통찰력은 삶의 중심을 잡아줘 지치지 않은 정신력과 지혜를 선물한다. 인맥도 필수다. 자신의 편에 서서 응원해 줄 사람이 있어야 멀리 간다. 게다가 소통 능력도 중요하다. 이러한 삶의 기둥이 튼튼하면 여기서 거대한 힘, 실천력이 샘솟게 된다.

이상의 방법을 명심한다면 분명히 실천력은 날개를 달 것이다. 나아가 날개는 진정한 힘을 그대에게 선물할 것이다.

근래 주변에서 "세상을 바꾼다"는 문구를 심심찮게 보게 된다. 세상을 바꾼다는 것은 보다 살기 좋은 세상을 만든다는 의미일 것이다. 더 많은 사람들이 더 풍요롭게 살고, 더 행복하게 살 수 있다면 이보다 더 좋은 일은 없다. 왜냐하면 누구나 성공한 삶, 행복한 삶을 원하기 때문이다.

그런데 사실 세상을 바꾸는 일은 먼저 자신을 바꾸는 것이 선행되어야 한다. 내가 변하지 않는데 어떻게 세상이 변하겠는가? 가깝게 먼저 나를 바꿔야 한다. 그렇다면 그 순영향으로 주변에서도 서서히 바뀌는 사람이 늘어나게 된다. 내가 바뀌지 않은 채 타인을 바꾸고 세상을 바꾼다는 것은 어찌 보면 언어도단이고, 지극히 이기적인 마음이다.

먼저 나를 바꾸기 위해서 부단히 노력해야 한다. 정성이 들어간 만큼 나를 바꿀 수 있다. 그렇다면 그 속에서 자연스럽게 힘이 생겨난다. 그 힘에 힘을 더해서 탄력이 붙으면 어느 순간 멋지게 바뀐 자신의 모습을 발견하게 된다.

세계적인 경영학자 짐 콜린스는 그의 저서 '좋은 기업을 넘어 위대한 기업으로   '에서 플라이휠 효과   라는 이론을 제시했다. 플라이휠은 그 자체의 무게 때문에 처음에는 잘 움직이지 않는다. 그렇기 때문에 멈춰 있는 플라이휠을 움직이려면 엄청난 노력을 기울려야 한다. 초기에 나름대로의 노력을 기울려도 움직이지 않는다고 포기하면 안 된다. 최선을 다해 힘껏 밀어야 한다. 그렇다면 조금씩 움직이지 시작할 것이다. 오랜 기간 일관된 방향으로 지속적으로 밀면서 어느 시점이 지나면 본격적으로 플라이휠이 돌기 시작한다. 이후 플라이휠에 자체적인 추진력이 생겨 스스로 돌아가게 된다. 이것이 바로 플라이휠 효과다.

짐 콜린스는 "위대한 회사로 도약하는 것은 극적인 변화 프로그램으로 이뤄지는 것이 아니라 그 안에 있는 사람들이 기울이는 노력이 누적된 결과"라고 역설했다. 즉 개인이든 기업이든 세상의 어떤 일도 단 한 번의 시도, 단 한 번의 혁신으로 바뀌는 것이라기 보다는 지속적인 노력의 산물로 위대한 변화가 이뤄진다는 것이다.

물리법칙에 관성의 법칙이라는 것이 있다. 사회 법칙에 적용하면 습관의 법칙이 된다. 즉 자연계에서 움직이는 물체는 계속 움직이려고 하고, 정지해 있는 물체는 계속 정지해 있으려는 것처럼 사람들도 한 번 몸에 베인 습관을 계속 유지하려는 경향이 있다. 이러한 경향성 때문에 나를 바꾸기가 여간 쉽지 않다.

나를 바꾼다는 것은 엄청난 무게의 플라이휠을 미는 것과 같다. 플라이휠은 절대 처음부터 쉽게 움직이지 않는다는 것을 명심해야 한다. 그 거대한 무게에 붙은 관성을 매몰차게 털어내야 한다. 그렇지 않으면 작심삼일로 끝나고 만다. 그렇기 때문에 자신을 바꾸려는 사람은 과감한 결단을 해야 한다. 이를 악물고 더 나은 모습으로 변하기 위해 각고의 노력을 기울려야 한다. 세상에서 나름대로 성공한 사람들은 다 그러했다. 우리가 보기에 쉽게 편하게 성공했을 것으로 생각하지만 그들은 알게 모르게 피나는 노력을 경주했기에 성공에 이른 것이다.

　　나아가 그들이 이룬 성공이라는 강력한 힘은 주변을 동화시키고, 감화시켜 시나브로 세상을 바꾸는 것이다. 사실 세상을 바꾼다는 것은 그리 거창한 것이 아니다. 나를 바꾼다는 것 자체만으로 이미 세상은 바뀐 것이다. 그렇지 않은가? 나는 분명 세상의 일원이기에 나를 바꾼다는 것은 곧 세상을 바꾼 것이고, 이는 타인을 바꾸는 힘으로 작용할 것이다. 나 그리고 우리가 바뀐다면 세상은 보이지 않게 바뀌게 된다. 보이지 않는 이 작은 변화는 언젠가 보이는 큰 변화의 실체로 들어날 것이다.

성공에 대한 정의는 사람마다 다르다. 일반적으로 사람들은 돈, 명예, 권력 등 눈에 보이는 특별한 성과를 이룬 상태를 성공으로 단정한다. 하지만 이것이 결코 다가 아니다.

여기 사람들의 이목을 집중시킨 광고 카피가 하나 있다.

오늘도 계속해서 달린다.
누구라도 달리기 선수다.
시계는 멈출 수 없다.
시간은 한 방향으로 밖에 흐르지 않는다.
되돌아 올 수 없는 마라톤 코스.

라이벌과 경쟁하며
시간의 흐름이라는 하나의 길을
우리들은 계속 달린다.

보다 빠르게.
한 걸음이라도 더 앞으로.
저 앞에는 반드시 밝은 미래가 있을 것이라고 믿으며.
반드시 결승점이 있을 것이라고 믿으며.

인생은 마라톤이다.

...

하지만 과연 그럴까?
인생이란 그런 것인가?

아니야. 인생은 마라톤이 아니야.
누가 정한 코스야?
누가 정한 결승점이야?
어디로 달리든 좋아.
어디를 향해도 좋아.

자기만의 길이 있어.
자기만의 길?

그런 것이 있을까?

그건 몰라.

우리들이 아직 만나보지 못한 세상은

터무니 없이 넓어.

그래. 발을 내딛는 거야.

고민하고 고민해서

끝까지 달려나가는 거야.

실패해도 좋아.

돌아가도 좋아.

누구랑 비교 안 해도 돼.

길은 하나가 아니야.

결승점은 하나가 아니야.

그건 인간의 수만큼 많은 거야.

모든 인생은 훌륭하다.

누가 인생을 마라톤이라고 했나?

그렇다. 성공의 법칙에 마법은 있으나, 성공에 대한 정의는 세상의
사람 수만큼 많다. 우리는 우리 자신이 아닌 누군가가 정한 결승점을 향

해 달리는 것이 아니다. 인생에 의미를 부여하고 성공을 정의할 특권은 그 누구도 아닌 우리 자신에게 있다.

스스로 삶에 의미를 부여하고 성공을 정의하며 각자의 빛나는 인생을 위해 한 발 한 발 내딛는 것, 이것이 바로 인생이다.

스스로의 삶에 의미를 부여하고 성공을 정의하며 각자의 빛나는 인생을 위해 한 발 한 발 내딛는다면 이보다 더 큰 성공이 어디 있겠는가? 그러한 삶 자체를 즐기는 것만으로 이미 우리 자신 모두는 성공한 것이다. 그렇기에 성공만큼 쉬운 것은 없게 된다.

우리 모두 스스로 삶에 의미를 부여하고 성공을 정의하며 각자의 빛나는 인생을 위해 오늘도 한 발 한 발 힘차게 내딛자. 물론 '나를 빛나게 바꾸는 7단계 황금 마법'도 큰 도움이 될 것이다. 나아가 이 모든 것을 즐기자.

모든 인생은 훌륭하다.

진실로 성공만큼 쉬운 것도 없다.

꿈은 이루어진다

인생이란 과연 무엇일까? 우리는 왜 무엇을 위해 살아야 하는가?

잠시 하던 일을 멈추고 고개를 들어 하늘을 바라보자. 신비로운 우주가 한 눈에 들어 올 것이다. 그리고 지긋이 눈을 감고 명상에 잠겨 보자. 이때 우리는 우리가 미쳐 깨닫지 못하고 있던 사실 하나를 발견하게 된다.

저 밤 하늘에 반짝이는 수많은 별, 한없이 붉게 이글거리며 지구를 비추고 있는 태양, 먼 석양 너머로 살며시 수줍은 듯 모습을 드러내는 새색시처럼 아름다운 달! 이 모든 것은 그 무엇도 아닌 바로 우리 자신을 위해 오늘도 쉼없이 돌고 돈다는 것을.

그렇기에 인생의 진정한 목적은 소우주인 우리가 이러한 숭고한 우주정신과 함께하는 의미 있고 가치 있는 삶을 사는 것이 아닐까?

영국의 정치가 세실 파킨슨   은 "사회적 지위로 성공을 판단하지 마라. 자신의 목표를 향해 도전하면서 어떻게 시련을 극복했느냐로 성공 여부를 판단해야 한다. 성공은 다른 사람보다 얼마나 일을 잘 해냈느냐가 아니라 자신의 능력에 비해 얼마나 일을 잘 했느냐를 보고 결정해야 한다. 성공은 우리가 도달한 위치가 얼마나 높고 대단하느냐로 결정되는 것이 아니라 몇 번이고 쓰러져도 다시 얼어날 수 있는 용기로 평가되어야 한다. 그래서 성공에는 끝이 없다"라고 말했다.

그렇다. 절대로 실패를 두려워하지 말자. 목표를 정하고 끊임없이 노력하자. 적극적으로 자아를 찾아가면서 의미 있고 가치 있는 삶을 지향하자. 그렇게 끊임없이 노력하다 보면 성공이 늘 함께 할 것이다. 아니 그러한 노력 차제만으로도 우리는 이미 성공한 것이다.

"꿈은 이루어진다."
"의미 있고 가치 있는 삶은 내 것이다."

포기하지 말자. 포기하지 말자. 절대 포기하지 말자. 그렇다면 언젠가 꿈은 이루어지고, 의미 있고 가치 있는 삶은 꼭 내 것이 된다.

끝으로 이 책을 읽는 모든 독자 분들이 아래와 같은 삶을 함께 영위하길 염원해 본다.

브랜드유를 넘어 러브유로 거듭나 일과 사람을 사랑하며 상생의 삶을 실천해
세상의 빛과 같은 의미 있고 가치 있는 인생의 진정한 주인공!

이는 곧 나 그리고 우리 모두가 바라는 꿈이요, 우주의 이상이다.

인간은 우주에서 가장 훌륭한 존재다.
결코 두려워하지 마라.

1. 모리야 히로시, 「남자의 후반생」, 푸른숲, 2008

2. 존슨얀, 「DNA와 주역」, 몸과마음, 2002

3. 이재규, 무엇이 당신을 만드는가, 위즈덤하우스, 2010

4. 윤석금, 「긍정이 걸작을 만든다」, 리더스북, 2009

5. 톰 피터스, 「초우량 기업의 조건」, 더난출판사, 2005

6. 공병호, 「내공 – 뿌리 깊은 나무처럼」, 21세기북스, 2009

7. 수지 웰치, 「10-10-10」, 북 하우스, 2009

8. 조영탁, 「조영탁의 행복경영 이야기」, 휴넷, 2004

9. 그레그 S. 레이드, 「10년 후」, 해바라기, 2004

10. 정문술, 「왜 벌써 절망합니까?」, 청아출판사, 2000

11. 이민규, 「끌리는 사람은 1%가 다르다」, 더난출판사, 2009

12. 클레이튼 크리스텐슨, 「미래 기업의 조건」, 비즈니스북스, 2005

13. 게리 하멜, 「경영의 미래」, 세종서적, 2009

14. 김위찬, 「블루오션 전략」, 교보문고, 2005

15. 잭웰치, 「끝없는 도전과 용기」, 청림출판, 2001

16. 로버크 그린, 「권력의 법칙」, 웅진지식하우스, 2009

17. 무라카미 가즈오, 「스위치 온」, 더난출판사, 2007

18. 엘빈 토플러, 「부의 미래」, 청림출판사, 2006

19. 자크 아탈리, 「미래의 물결」, 위즈덤하우스, 2007

20. 노자, 「도덕경」, 현암사, 1999

21. 하이럼 W. 스미스, 「성공하는 시간관리와 인생관리를 위한 10가지 자연법칙」, 김영사, 1998

22. 짐 콜린스, 「위대한 기업은 다 어디로 갔을까」, 김영사, 2010

23. 조셉 토인비, 「역사의 연구」, 동서문화사, 2007

24. 윤종빈, 「정역과 주역」, 상생출판사, 2009

25 톰 피터스, 「톰 피터스의 미래를 경영하라」, 21세기북스, 2005

26 렁칭진, 「변경」, 더난출판사, 2003

27 정진홍, 「완벽에의 충동」, 21세기북스, 2006

28 츠샹밍, 「제갈공명 일기」, 국일미디어, 2005

29 안철수, 「CEO 안철수 영혼이 있는 승부」, 김영사, 2001

30 공병호, 「명품 인생을 만드는 10년 법칙」, 21세기북스, 2006

31 왕지아펑, 「대국굴기 – 세계를 호령하는 강대국의 패러다임」, 크레듀, 2007

32 정진홍, 「인문의 숲에서 경영을 만나다1, 2」, 21세기북스, 2007

33 마이클 포터, 「경쟁론」, 세종연구원, 2001

34 진희정, 「내 인생을 바꿔준 위대한 명언」, 좋은책만들기, 2006

35 잭웰치, 「잭 웰치 위대한 승리」, 청림출판, 2005

36 주디 L. 헤즈데이 , 「오프라 윈프리 이야기」, 명진출판사, 2010.

37 코너 오클리어리, 「아름다운 부자 척피니」, 물푸레, 2008

38 이지성, 「꿈꾸는 다락방」, 국일미디어, 2007

39 전옥표, 「이기는 습관」, 쌤앤파커스, 2008

40 이지성, 「리딩으로 리드하라」, 문학동네, 2010

41 이이 저 고산 역, 「성학집요 격몽요결」, 동서문화사, 2008

42 은지성, 「직관」, 황소북스, 2012

43 허우슈선, 「케임브리지 교수들에게 듣는 인생철학 51강」, 황소자리, 2011

44 정박원, 「우화경영」, 매일경제신문사, 2015

45 이지성, 황광우, 「고전혁명」, 생각정원, 2012

46 말콤 글래드웰, 「아웃라이어」, 김영사, 2009

47 짐 로저스, 「딸에게 전하는 12가지 부의 비법」, 중앙북스, 2007

48 로버트 치알디니, 「설득의 심리학」, 21세기북스, 2002

49 케빈 로버츠, 「 브랜드의 미래, 러브마크」, 서돌, 2005

외서

RHONDA BYRNE, The Secret, BeyondWordsPublishing, 2006.11.28

Champoux, J.(2006). Organisational Behaviour: Integrating Indivuduals, Groups and Organisations, 3rd Ed

Albright, S., W. Winston, C. Zappe. Data Analysis and Decision Making with Microsoft Excel. Revised 3e ed. CA: Thomson Learning, 2008. ISBN: 9780324663501

Williams, J.R, S.F. Haka, M.S. Bettner, and J.V. Carcello. Financial and Managerial Accounting: The Basis for Business Decisions. 14th ed., IE McGraw Hill, 2009. ISBN: 9780071269766

"Ross, S., Westerfield, R.,Jaffe, J.& Jordan B. Modern Financial Management, 2009, 8th ed. Irwin—McGraw Hill, New Jersey, ISBN: 9780071267755

"Ivan Png, D. Lehman. Managerial Economics, 3rd Edition, Blackwell Publishers, 2007. ISBN: 9781405160476

Kotler, P., Keller, K. (2008). Marketing Management, 13th ed. Prentice Hall, New Jersey, ISBN: 9780131357976

Cullen, J.B. Multinational Management: A Strategic Approach, 4th ed. Mason, Ohio: South—Western College Publishing, 2008. ISBN: 9780324653434

Weill, P. & Vitale, M.(2001). Place to Space, HBS Press, Boston Mass, USA, ISBN: 9781578512454 Chase, R.B., F.R. Jacobs and N.J. Aquilano, Operations & Supply Management, 12th edition, McGraw Hill (2009) ISBN: 9780071284189

Hoskisson, R.E., Hitt, M.A., Ireland, R.D. & Harrison J.S (2008). Competing for Advantage, 2nd ed Southwestern(Thomson), USA, ISBN: 9780-3245-68325

Meredith, J. R. and S. J. Mantel. Project Management: A Managerial Approach. 7th ed. John Wiley and Sons(2009). ISBN: 9780470400265

Atkinson, A., R.S. Kaplan and S. M. Young, Management Accounting 5th edition, Upper Saddle River, Pearson Education 2007, ISBN: 9780-13-2427333

Damodaran, A. Corporate Finance: Theory and Practice. 2nd ed. John Wiley & Sons, 2001. ISBN: 9780471283324/0-471283320

Alan C. Shapiro MULTINATIONAL FINANCIAL MANAGEMENT 8th Ed Asia Ed ISBN: 0471725838/9780471725831

Reinert, K. A. Windows on the World Economy: An introduction to International Economics. Thomson, 2005. ISBN: 9780030313998

Stone, R.J. Human Resource Management. 6th ed. Brisbane: John Wiley and Sons, 2008. ISBN: 9780470810804/0-470-81080-7

"Amrit Tiwana, The Knowledge Management Toolkit: Orchestrating IT, Strategy and Knowledge Platforms,(2nd edition), Prentice Hall, 2003 ISBN: 9780130092243/0-13-009224-X"

웹사이트

조선일보, http://www.chosun.com

중앙일보, http://www.join.com

매경, http://www.mk.co.kr

서울경제, http://economy.hankooki.com

동아일보, www.donga.com

네이버, http://www.naver.com

다음, http://www.daum.net

야후, http://www.yahoo.co.kr

휴넷 MBA, http://www.hunet.co.kr

위키피디아, http://www.wikipedia.org

네이버 전자사전, http://dic.naver.com

성공, 그까짓 것

초판 인쇄　　2016년 7월 19일
초판 발행　　2016년 7월 22일

지 은 이　　김재광
펴 낸 이　　김재광
펴 낸 곳　　솔과학
등　　록　　제10-140호 1997년 2월 22일
주　　소　　서울특별시 마포구 독막로 295번지 302호(염리동 삼부골든타워)
전　　화　　02-714-8655
팩　　스　　02-711-4656
E-mail　　solkwahak@hanmail.net

I S B N　　979-11-87124-08-5(03320)
ⓒ 솔과학, 2016

값 15,000원